「自分のやりたいことがわからない」

「ちゃんと努力しているはずなのになんでうまくいかないんだ？」

「夢を持ったけど自分には無理なんじゃないだろうか？」

「どうやったらやる気がでるんだろう？」

「なんであの人は上手くいくんだろう？」

「魅力的な人になりたい」

「どうやったら今いるチームが楽しくなるんだろう？」

「どうしたら感動的な人生を送れるのか？」

「もっと自分の人生を輝いたものにしたい」


そんな思いを抱えている人にこの本を贈ります。

プロローグ――あなたの人生を輝かせるもの

二〇〇七年春のある日、春のぽかぽか陽気にやられたのかその日は店に集まった全員がテンションの上がらない日でした。

昼集まってミーティングをしても、どうしてもかみ合わない。ということで、営業が始まるまで休憩をすることになりました。

そんなとき、一人の若い女性が店に訪ねてきました。僕が玄関でお迎えさせてもらいました。

「すみません。営業は六時からなんです」

僕はお客さんと思いこうお伝えしました。

「あの、オーナーさんいらっしゃいますか?」

「あ、自分です」

その方は近所の小学校の先生でした。僕は最初、何の話だろうとちょっと不安になりながらそのお客さんをお通ししました。スタッフの一人がお茶を出して話が始まりました。まわりでだらだらしていたスタッフたちも、何事だろうと思いながら、それぞれに作業を始めていました。

「先日、私の担任するクラスで『大人になったら何になる?』という授業をやったんです」

「はい」

「そしたら一位がこれでした」

一位　大きくなったら「陽《ひ》なた家《や》」で働く

「え？」

僕のその声に反応して、近くにいたスタッフたちが集まってきました。二位、三位にサッカー選手や保育士さんと、王道の人気ランキングが並んでいました。

「あの、本当は実名を出して発表したいんですが、ほかにも飲食店の子供さんがいるので、飲食店で働くという形で発表させていただこうと思いまして報告にあがりました。私もこのお店がずっと好きだったので」

「あ、ありがとうございます」

「子供たちの間で『陽なた家』さんの誕生日のお祝いごっこがはやっているんです。トランペットを吹く担当の子がいて、ウサギ役の子がいて、大きな声でメッセージを送る子がいて……。今は『陽なた家』さんのまねをして、クラスの子の誕生会を毎月やらせてもらっているんです」

「……」

「子供たちに夢をくれてありがとうございます」

そう言って若い先生は帰っていきました。僕は正直言葉が出ませんでした。同時に何とも言えない感情がわき上がってきました。静かではありましたが、それまでのダラダラ感はどこかに飛んでいっていました。

営業前、朝礼でそのことをみんなに伝えました。伝えているうちに僕は涙が出てきました。それを聞いたスタッフたち、特に創業メンバーたちも泣いていました。

僕たちの理念の中に、「仲間、お客さん、家族、友人、恋人、業者さん、応援者さんのために」という言葉があります。そしてこの日、この項目の中に「後に続く子供たちのために」が追加されました。

一〇年前、僕は三坪のたこ焼き屋の行商からスタートし、今は、人口約八万人の僕のふ

るさと、大分県中津市に一五〇席のダイニング「陽なた家」と、生まれ育った商店街に一〇〇席の居酒屋「夢天までとどけ」という居酒屋、福岡市に同じく一〇〇席の「大名陽なた家」、合計三軒の飲食店とウエディング事業、イベントプロデュース、執筆、講演、コンサルティング、そして今新たな事業部として東京で人材育成、出版プロデュースと、たくさんの事業展開をさせてもらっています。

僕たちの原点である中津市の「陽なた家」「夢天までとどけ」は、おかげさまで県外から年間一万人を超えるお客さんがわざわざ足を運んでくださる店になりました。

名物であるバースデーイベントは、年間一〇〇〇件を超える予約で埋まるのですが、それもすべて口コミによるもの。「陽なた家」に限らず、経営する三軒すべての店が、営業をしなくてもどんどんお客さんが詰めかけてくれる、非常に恵まれた状況に成長させてもらうことができました。

仕事を通してたくさんの方の相談を受けていく過程の中で僕は、一〇〇人中一〇〇人の人生をV字回復させることのできる「心のスイッチ」を発見し、体系化していきました。

その「心のスイッチ」を押すだけで人は圧倒的に魅力的な存在になり、自然と仲間が集まり、自分から求めなくても周りからの応援が得られるようになります。これだけで成功していく人や、会社が生まれ変わっていく姿を見て、これは誰の心にも共通するスイッチなのだと気がつきました。

そのスイッチとは、

自分の心の中に、大切な人の喜ぶ姿をイメージすること。

これを実践すると、あなたの人生に、そしてあなたに関わる人たちの関係が変わります。あなたは人から必要とされ、人が集まり、あなた自身の人生がさらに輝きを増すものになります。

そしてそのことを誰よりも僕に教えてくれたのが、変わっていく姿を通して僕にその方法を証明してくれたスタッフたちでした。

・地元で有名なヤンキー小僧が家賃対比売上高、全国トップレベルの居酒屋を作った
・施設で育った子がモデルを夢見て、本当にモデルになった
・不登校の女の子が才能に目覚め、ポップアーティストとして全国的に活躍
・どこに行ってもダメ扱いされた子が、ナンバー一店長兼シンガーになった
・失語症で自殺を考えた子が九州に名だたるサーバーになり、日本初たこ焼きウエディングを作った
・高校中退で親に連れられてきた子が過去最高売り上げを出す一〇代のエースになった
・映画監督を夢見た少年が、映像編集部を作り、リーダーとしてたくさんの感動映像を作るようになった

バラエティーに富んだ面々ですが、共通して言えるのは、どこにでもいる普通の子、もしくは普通以下と呼ばれた子たちです。その子たちがこのスイッチを押しただけで数々の奇跡を起こしてきました。

あなたにも「この人のためなら」という人がいると思います。ある人にとってはお母さんかもしれない、お父さんかもしれない、恋人、会社の社長や同僚かもしれない。小さい頃にかわいがってくれた今は亡きおじいちゃん、おばあちゃんかもしれない。成功を誓い合った仲間かもしれない。

あなたの人生を輝かせてくれるのは、実はあなた自身ではなくて「あなたの大切な誰か」です。

そしてその人を喜ばせようと思った時、あなたの中にある力は最大限に発揮されるのです。

ちょっとイメージしてください。

美しい南の島で、あなたはあらゆる欲しいものを手にしました。いい車、ロレックスの時計、一〇カラットのダイヤ、きれいな洋服、どんな仕事もパーフェクトにやり上げる実力、理想の体型、すべてがあなたのものになりました。

しかし、もし、そこが無人島だったとしたらあなたは本当に幸せで居続けることができるでしょうか？

最初は幸せだったとしても、ひとりぼっちでは、やがて孤独感が襲ってきます。魚に向かって「さあ、どうだ！」と言っても、魚は関係なく悠然と海の中を泳いでいます。そうなると全く面白くなくなって、その手に入れたものには全く価値がなくなってしまいます。

しかし、あなたの成功をほめてくれたり、ともに喜んでくれたりする人がいると、手に入れたものは、一気に輝き始めます。喜んでくれる人の数が増えると、その輝きはもっと大きくなります。

こう考えると、人は自分一人で絶対に幸せにはなれないのです。なれたとしてもその幸せは長くは続きません。

「成功したい」
「お金持ちになりたい」

「きれいになりたい」

昔から、人は他人との関係性の中で自分自身という存在を発見してきました。自分が幸せになるためにはそれを映し出す鏡が必要になります。つまり、人が何かを手に入れたがるのは、自分の周りに人がいるからです。

人が究極的に渇望しているもの、それは

「自分と自分以外の人との間に生まれる幸せ」なのです。

自分一人だけの成功を求めて生きると人は孤独になり、いくらそれが手に入っても結局、幸福感が埋まらずに迷路にはまってしまいます。

もしあなたが、これまで頑張ってきたのに思うように成功できなくて悔しい思いをしているなら、がむしゃらに「自分軸」で突っ走ってきただけかもしれません。

そのエネルギーの方向をちょっと変えるだけで、あなたの人生は一気に成功に向かって加速し始めます。

本書はあなたが「感動する人」になることではなく、「感動を生み出す人」になってもらうことを目的としています。

ここで、読んでいただくあなたに一つだけお願いがあります。それは、「大切な人に伝え、そして幸せになるために」この本を読んでいただきたいということです。

そうすることであなたの力は最大限に発揮されることになり、結果として、あなた自身が一番成功していくようになっています。

肩の力を抜いて楽に読んでください。準備はいいでしょうか?

では始めます。

第1章　成功し続ける人の共通点

第2章　感動を生み出す「フォーユー」という考え方

第3章　感動が出会いを広げる

第4章　感動を生み出す非効率の追求

第5章　感動が夢を叶える

第6章　感動を生み出す自分の作り方

最終章　誰かのために生きるということ

第1章 Chapter 1 成功し・続け・る・人の共通点

■成績一位をとり続けた女の子の意外な理由

ある小学校で成績がずっと一番の子がいました。その子は家が裕福ではなかったために、塾に通うことができませんでした。そのため授業中はだれよりも集中し、学校が終わったらすぐに家に帰っていきました。

その子の担任は、彼女が成績が良いのは家に帰って一生懸命勉強しているからだと思っていました。

ある日その子が放課後、どうしてもわからないことがあると聞いてきた時に、友達と遊ぶ時間も削って、なぜそんなに一生懸命勉強するのかをその子に聞くと、彼女はこう答えました。

「あのね、私、お母さんにお勉強を教えてるの」

よくよく聞いてみると、その子のお母さんは小さい頃、家が貧しく満足に学校に通うことができなかったということでした。そのため、読み書きや計算があまりできません。その子が一生懸命勉強していたのは、自分が良い成績を取るためではなく、お母さんに勉強を教えるためだったのです。

卒業するまで、その子はずっと一番を保ったそうです。

■日本一のチームを生みだした原動力になったもの

毎年一〇〇〇軒を超える居酒屋が参加して日本一を決める「居酒屋甲子園」という、年に一度の居酒屋業界最大の祭典があります。そのイベントは日頃そのチームがどんな思いを持って、どんな営業を行っているのか、そしてどんなチーム作りをやっているのかを五〇〇〇人の前で発表するというものです。

その大会で、三年連続でベスト6に入るという、前人未到の快挙を達成したすばらしい

チームを率いる、赤塚元気君という古くからの友人で、僕より二つ年下の経営者がいます。彼は名古屋を中心に「寅衛門（どらえもん）」という居酒屋を経営しています。

このどらえもんグループは、初年度は居酒屋甲子園で準優勝だったのですが、二年目はぶっちぎりの日本一を勝ち取りました。日本一になった日のプレゼンテーションは、そこにいた会場の人の度肝を抜くすばらしいものでした。

彼らが日本一になった瞬間を、僕も会場で見ていました。

準優勝した前年とメンバーはほとんど変わっていませんでしたし、内容もそれと言って変わった訳ではなかったのですが、二年目のプレゼンは、優勝を逃した前回と大きく何かが違っていました。プレゼンが始まった瞬間から「このチームが日本一になる」とわかるようなすばらしいものでした。

後々、二人で酒を飲む機会があり、その時のことを僕は元気君に質問してみました。

「元気、一年目と二年目って何が違ったの？」

「あ、それよく聞かれるんです。多分言えるのはまずステージに上がる目的だったんじゃないですかね」

「目的？」

その後の彼の話はこうでした。初年度、元気君のチームは「絶対日本一になって自分たちが一番輝いていることを証明する」と、みんなで誓い合ったそうです。しかし結果は準優勝。それだけでもすごいことなのですが、彼らは悔し泣きをしたそうです。

そして翌年。シードがある訳でもなく再び激戦区を実力で勝ち上がってきた彼らが、二年目の雪辱を晴らす舞台に上がる前、控え室の中で、

「今日の姿を誰に見せたくてステージに上がるのか」

「ステージの上から誰に感謝するのか」

このことをみんなでイメージしたということでした。それをイメージしていた時点で、自分を支えてくれた両親や仲間たちに対する感謝の気持ちでいっぱいになり、全員が大号泣したといいます。

後々彼のスタッフたちがこう言っていました。二回目の大会を迎えるにあたって、スタッフ全員が、

「この社長を日本一にする」

と決めて臨んだそうです。

彼らがステージに出た時、何とも言えない神がかり的な空気に鳥肌が立ったのを覚えています。

彼らの優勝の原動力は「大切な人のために」だったのです。

その後も彼らの快進撃は止まらず、翌年も予選突破、その壇上で優勝したのは、熊本の「ヒーロー海」というチームだったのですが、そのオーナーは元気君の居酒屋から独立した青年で、そのチームが優勝した時の元気君のうれしそうな顔を今でも覚えています。

元気君のチームはさらに翌年第四回の居酒屋甲子園の予選大会も突破したのですが、後に続く人たちのためと決勝進出を辞退しました。

■人は大切な人のためならがんばれる

先ほどのお母さんに勉強を教える小学生の話、元気君の話を通して、僕は

「人は大切な人のために能力を発揮する」

ということを知りました。その後も仕事でスポーツ少年団の育成などに携わらせていただくことが多くなってきたのですが、

「今日の姿を誰に見せたくてがんばるのか?」

を試合前に選手たちにイメージさせると、それまで勝てなかった子たちがどんどん強くなっていくのです。

意外とこれは知られていないことなのですが、人は、自分だけのために行動するより、大切な人のために行動する方が本来持った力が出せる生き物なのです。

「オレは、自分だけのために戦うんだ」

というのは一見クールなようですが、甘さも呼び込みがちになります。

「ま、いいか、ここらへんで」

と中途半端なところでやめてしまいがちになります。ところが、大切な誰かを喜ばせようとして取り組むと、「自分のため」だと絶対に出てこない集中力や継続力が発揮できるのです。

ぼくの店の朝礼では、まず目を閉じて、

「自分たちが誰のために働いているのか？」
「今、一生懸命働いている姿を誰に見せたいのか？」

を自問自答することにしています。そしてそのイメージがはっきりして目を開けた時、どんな子でも目にスイッチが入って別人の顔になります。

僕の店のスタッフは一〇代から二〇代前半がメインなので、この問いに対して「お母さん」もしくは「仲間」と答える子たちが一番多いです。

「今度、母ちゃんが店に来るって言うんで、チャーハン練習していいですか？」

いくら練習しても、なかなか上手にチャーハンが作れなかったスタッフが、

「母親に食べさせるために」

という目的で練習すると、飛躍的に上達します。この時の、爆発的な力の原動力は、

「大切な人のために」なのです。

■ある青年たちの大航海物語

頭の中で想像しながら読んでください。

ある青年が数人の仲間を連れて、宝島を求めて一艘の小舟で航海に出ました。しかしその航海はとても厳しいもので、難破しそうになることもしばしばありました。

船員たちのけんかは絶えず、「宝島に行く」という目的は、いつの間にか「生き延びる」

という目的に変わっていました。

見渡す限り一面の海。途方に暮れていると、自分たちの一〇〇倍の大きさはあろう豪華客船が近づいてきました。青年たちは旗を振って助けを求めました。彼らの乗った小舟を見つけた豪華客船はゆっくりと進行を止め、メッセージを送ってきました。

「そっちの小さな舟の船長さん、ちょっとこっちへあがっておいで」

青年は仲間を舟に残して豪華客船に移りました。その船で彼の目に飛び込んできたのは、その客船の船員たちのとても幸せそうな姿でした。

「なんでこの人たちはこんなに楽しそうなんだろう」

ぼーっとその姿を眺めていると、ひげを生やした男性が青年の前に現れました。その人は航海に出る前から名前を聞いたことのある、世の中で伝説として語られている有名な船

長だったのです。何とも言えない暖かさと、幾多の困難を乗り切ってこれだけの大きな船を仕切ってきたリーダーとしての、何とも言えない貫禄がその人を包んでいました。

仲間と夢を抱いて航海に出たこと、何度も難破しそうになったことや、仲間とけんかばかりしている今の状態を、青年は全てその船長に話しました。

そしてどうやったら宝島に行くことができるのか、どうやったらこんなにたくさんの船員たちを幸せにできるのかを質問すると船長はこう言いました。

「今からある島まで君たちの船を誘導しよう。その島にはたくさんの住人がいて、その人たちが君たちのことを受け入れてくれたら、次の島への地図と羅針盤をくれる。その島をいくつも超えていくと君たちの求める宝島にたどり着くようになっている」

「島の人たちに受け入れてもらえるにはどうしたらいいんでしょうか？」

青年は聞きました。

「今からその方法を教えよう」

こうして最初の島に着くまでの間、豪華客船は青年たちの小舟を鎖で繋いで島まで引っ張ってくれることになりました。その間に青年は伝説の船長から、航海の仕方、チームの作り方、そして仲間を率いるリーダーとしての心得を学びました。

時が経ち、船は一つ目の島に到着しました。小舟で待っている仲間たちの元に戻り、その島に入ることになったとき、つまり豪華客船とのお別れの日、その船長は一つの通信機のようなものを青年に手渡し、こう言いました。

「この通信機は私とつながるようになっている。もし君にいざという時が来たら連絡しなさい。この海は広いから、近くに行って助けることはできないかもしれないが、その困難を乗り越える方法を教えるから」

青年は再び仲間たちと航海を始めました。行く島々ではいろんなことがありました。し

かし、伝説の船長の教えに従って、なんとかひとつ、ふたつと島を越えて行くたびに青年たちのチームは強くなり、小舟だった船の船員は徐々に増えていき、今は五〇人乗りの船に成長しました。彼は今もまだその仲間たちと宝島に向かって航海中です。

一つだけ変わったのは、仲間同士のけんかがなくなり、航海が楽しくてたまらなくなったこと。

そしてその楽しさを生み出してくれたのは、伝説の船長が教えてくれた黄金の教えでした。

■一時的に成功する人、成功し続ける人

この話は、僕自身の人生を簡単なショートストーリーにしたものです。人生でも仕事でも、成功した人には大抵「こういう人になりたい」というモデルが存在します。

自分が憧れる存在を目指していくことで、大きな苦難を乗り越えていくことも可能にな

ります。

僕は、初めて就職した会社が出版セミナー事業の会社であったこともあり、成功者と呼ばれる人たちのセミナーを聞く機会が多く、早い時期から人から学ぶことのすばらしさを感じさせてもらうことができました。

その中で僕が気づいたことですが、成功者と呼ばれる人の中にも「一時的に成功する人」と「成功し続ける人」がいるように思います。ありがたいことに、僕の周りにいてくれる成功者は「成功し続ける人」たちでした。

「成功し続ける人」に共通して言えるのは、ただ仕事ができるばかりでなく、人間としての魅力、そして計り知れない懐の深さがありました。

夢と勢いだけで創業した二〇代半ばの僕を何とかまともな方向に導いてくれ、こうして本を書くチャンスをいただけるまでに導いてくれたのは、尊敬する人生の先輩たちです。

その中でも僕の人生のお師匠さんであり、先ほどの伝説の船長のモデルである斎藤一人

さんからは、人生が一八〇度変わるほど、大きな影響を受けました。

ご存じない方のために説明すると、斎藤一人さんは、「スリムドカン」で有名な「銀座まるかん」の創設者です。

一九九三年以来、毎年全国高額納税者番付一〇位以内にただ一人連続ランクインし、二〇〇三年には累計納税額で日本一になった人。

土地売却や株式公開等による高額納税者が多い中で、納税額がすべて事業所得によるものであることで大きな注目を集め、しかも本の世界でも数々の大ベストセラーを生み出した、平成きっての大成功者です。

■運命を変えてくれた日本一の大成功者との出会い

僕が斎藤一人さんに初めて会ったのは、すでに中津に陽なた家をオープンしていた二〇〇五年の夏のこと。

「東京へ来ることがあったら遊びに来なよ」

その時、一人さんからかけてもらった言葉を真に受けて、翌月ずうずうしくも僕は、本当に一人さんの事務所を訪ねました。そして僕は幸運にも、一人さんからさまざまな教えをいただけることになりました。

ちょうどそのころは、立ち上げたダイニングの事業がそれなりにうまく回り始め、都会への出店やフランチャイズ展開のオファーが来たり、マスコミにも取り上げられ、「俺も成功者の仲間入りだ」とかなり図に乗っていたころでした。

ただ、表の華やかさとは裏腹に、スタッフ同士、そしてスタッフと僕の間ではけんかや小競り合いが絶えませんでしたが、そこは見て見ぬ振りをして、ただ業績や数字で自分を満足させていました。

自分の思い通りに人が動くことを求め、自分が欲しい結果を出すことを求めてばかりいました。しかし、そう求めれば求めるほど上手くいきませんでした。

■感動だけが人を動かす

それからというもの、人生の先が見えなくなった時、仲間とケンカが絶えなかった時、物事が自分の思った通りに進まなかった時、僕はいつも、一人さんのところに足を運びました。そんな時、一人さんが一貫して言うのはこの言葉でした。

「あのな、成功するって簡単なんだよ。相手の気持ちになって動けばいいんだよ。

人って理屈じゃないの。感動で動くんだよ。

お前が上手くいかないのは自分のことしか考えてないからだよ。人は誰でも幸せになりたいんだよ。お前が本当に成功したいんならまず人を喜ばせてみな。人に幸せを与えてみな。自分軸から他人軸に変えれば、お前の悩みは一気になくなるよ」

「自分軸から他人軸……」

「そう。この世の中にはな、『与えたものが返ってくる』って法則があるの。本当の意味で人を幸せにする人のところに全てが返ってくるから、結局自分が一番幸せになるんだよ。これがな、最終的に誰もが幸せになれるたった一つの方法なんだよ」

その言葉を信じ、自分のできる限り出会った人に喜んでもらえるように人に接していくと、たくさんのチャンスをいただけるようになり、どんどん僕の人生は開けていきました。この貴重な教えは、僕の生き方の基礎になっています。

一人さんからこの真理を教えてもらうことができなければ、今の僕は絶対にありません。

この言葉で気持ちが吹っ切れた僕は、中津の自分の店をいかに魅力的な場にするかに徹するようになり、一人さんの教えを実践していくにつれ、ゆっくりとスタッフたちの笑顔が増えていき、一人一人が能力を開花させ、県外からお客さんがたくさん訪れてくれる店

に成長させることができたのです。

■日本一のソース屋さん

「オタフクソース」という、お好み焼きのソースの製造販売をする企業をご存知でしょうか？　今や広島を代表する企業で、創業から約九〇年の歴史を誇る超名門企業です。

小学生のころ修業したたこ焼き屋で、そこのおばちゃんがわざわざ広島から取り寄せて使っていたので、幼い頃から僕はそのソースの存在はよく知っていました。

一八歳で「たこ焼き屋になる」、という夢を持って東京に出たものの、学生の頃はこれと言って人も相手にしてくれず、そのチャンスをつかまえることができませんでした。

しかし、最初の就職先に入ったその日、チャンスは突然巡ってきました。クライアント表の中に「オタフクソース」の東京支店の名前を発見したのです。

チャンス！

僕は名刺を持って早速「オタフクソース」に足を運びました。その時僕の対応をしてくださったのは当時東京支店長だった佐々木茂喜さんという方でした。僕は挨拶をし、自分が小さい頃からたこ焼き屋になりたくて東京に出てきたこと、そしてそれは仲間との約束であること、それまでの経緯を述べ、いきなりではありましたが、応援してほしいとお願いをしました。

しかしそれまでもたくさんの方に馬鹿にされてきたので、半分あきらめていたのですが、佐々木支店長は「面白いから応援するよ。何でも言っておいで」と言ってくれました。

それからというもの、僕の「オタフクソース」通いが始まりました。最初はその会社にある、たこ焼きの情報量にわくわくしていたのですが、次第にオタフクさんの人たちの温かさに惹かれていきました。

■繁栄し続けるフォーユー企業の非常識な考え方

このとき、たくさんの衝撃を受けました。「オタフクソース」には会社の中に、お好み

焼き屋やたこ焼き屋を目指す人たちのための研修センターがあり、毎週たくさんの人たちがやってきて、自分の店を持つために研修を受けています。

また、お好み焼きのキャラバンカーで全国を回ったり、この研修の講師を務めるスタッフの専門部署「お好み焼き課」をもうけ、お好み焼きを広く普及しています。正直それで直接的にソースが売れる訳ではないのにもかかわらずです。

僕は当時の社長（今は会長）にそれを作った理由を聞きました。するとこんな答えが返ってきました。

「お好みソースを売る前にお好み焼き文化を広げよ」

といった、初代からの教えを実践しているということでした。直接的にソースを売ることももちろん大切ですが、それより先にお好み焼きの魅力を全国の人に届けることによって、地元広島がさらに繁栄し、たくさんの店が増え、その結果としてソースが売れるのだということを聞いて、僕は感動しました。

そのためにここまでするのかというくらい、徹底して文化の普及に集中していました。

今、「オタフクソース」は六代目社長がしっかりとその意志を継いでいます。

現社長は僕にたくさんのチャンスをくれた佐々木茂喜さん。今も僕の大切な兄貴分として公私ともにかわいがっていただいているのですが、先日茂喜さんから一本の電話をもらいました。

「シゲ、面白いものを作ったから遊びにこいよ」

そう言われ広島に行くと、本社のそばに何やら建物が建っていました。それは「ウッドエッグお好み焼き館」という五階建ての建物でした。

館内はお好み焼き一色。お好み焼きが、原爆で大被害を受けた広島人の心を支えた歴史をまとめた展示や、昭和三〇年代のお好み焼き屋のレプリカ、そして鉄板やホットプレートでお好み焼き作りを体験できる設備があり、お好み焼きにまつわる一切合切が詰め込まれた夢のある建物だったのです。

■たらいの水哲学

なぜこんなに徹底して人の喜びのために尽くすことができるのか？　僕はその取材の時に聞いた忘れられない話があります。

たらいの水の中に入り、水を自分の方に寄せようといくら手を動かしても、動きを休めると水の動きが止まってしまいます。

逆に向こう側に水を送るとたらいの側板にぶつかって自分の方に跳ね返ってきます。

人の生き方もこれと一緒で、まず相手のことを思いやって行動すること。そうすれば結果的にたくさんのものが自分に返ってくる。これを「たらいの水哲学」と言い、「オタフクソース」の根本理念になっているということでした。

こうしてたくさんの「感動創造」を今でも実践しているこの企業は、不景気な今も増収

を続けています。

「まず人に施すこと」

その教えが発展の鍵だったのです。

こうしたことを通して僕は、本当の意味で成功し続ける人たちには、ある共通点があることを発見しました。

それは、とにかく「与え好き」だということ。

がむしゃらに成功を追いかけるというよりも、いつも人を喜ばせることを楽しみながら生きているということでした。

僕はこの生き方を「フォーユー」な生き方と呼んでいます。

そしてこのスタイルを目指して生きていくことが、僕の運命を大きく変え、そして僕の人生に数多くの感動をもたらしてくれる大きな鍵だったです。

第2章
Chapter 2
感動を生み出す「フォーユー」という考え方

■あなたの大切な人は誰ですか？

この「フォーユー精神」という考え方をお伝えする前に一つだけ覚えておいてほしいことがあります。

ここでいう「ユー」は、「あなたの大切な誰か」を当てはめて考えてください。

例えば両親かもしれないし、恋人、子供、友人、仕事仲間かもしれません。人によって「ユー」は様々だと思います。

いずれにしろ、あなたの行動が「大切な人のため」のものであれば、その思いに共感した人たちが、あなたに有形無形の力を貸してくれるようになります。お金のつながりではなく、心のつながりで自発的に動いてくれる協力者が続出するのです。

しかし、多くの人たちは「自分だけのため」で行動してしまうため、自分以外の人からの応援が得られずに、結局、小さなことしかできずに終わるのです。

はっきり言えるのは、「自分本位」ではなく「相手本位」で行動した方が、はるかにあなたのためになるということです。

「何を寝ぼけたことを言っているのだ。自分のためだけにがむしゃらに働いた人だけが成功するのだ」

と反論されるかもしれません。しかし、僕が伝えたいことは「道徳論」でも「きれい事」でもありません。「フォーユー」がこれからの時代、あなたが人生で成功するためのツボなのです。

あなたの人生をあっという間に変えてくれるたった一つの方法なのです。


あなたの「ユー」はどんな人が当てはまりますか？

■僕たちが憧れた物語の主人公はみんな「フォーユー」だった

あなたはどんな映画が好きですか？　小さいころどんな絵本にワクワクしましたか？

どんな漫画に感動しますか？

ここでは皆さんが知っているストーリーで紹介します。たとえばウルトラマン。ウルトラマンは地球のピンチに宇宙から飛んできて三分間戦います。その三分間が過ぎるとカラータイマーがなり始めます。ピンチです。もしここで、

「ごめん、カラータイマーがなっちゃったから宇宙に帰るよ。みんな、あとよろしく」

と言ってウルトラマンが帰ってしまったら、たんなるコメディーになってしまいます。カラータイマーがなっても地球人のために戦って怪獣をやっつけるシーンに人の心が動くのです。

『タイタニック』や『アルマゲドン』などの大ヒット映画でも、人を思う姿、やさしさ、そして大きな愛に人が涙するのです。

ここで言いたいのは、「自分の命を投げうってでも人を救いましょう」と言っているのではありません。「フォーユー」で生きる姿に人は感動するということをお伝えしたいのです。

世の中の感動はほとんどがこの法則に当てはまります。そして人が感動するものが共通しているということは、誰の心の中にも「フォーユー」に共感する温かい心があるということを証明しているのです。

■人が集まる魅力の法則

バランスは様々にせよ、人は誰でも、自分本位の心と相手を思う心の両方を持っています。今より少し相手を思う心を引っ張り出してあげると、あなたの周りに人が集まり、人生が変わっていきます。

人を大切にする、こう言うと「偽善者だ」とバカにされることが多くなりました。

僕があなたにお伝えしたいことは、大切な人のために生きるということは偽善でも何でもありません。本当にあなた自身を幸せにする鍵は「フォーユー」精神の中にあるということです。

そのことを証明する公式の一つに、

「与えるものは魅力が増し、求めるものは魅力が減る」

というのがあります。

非常にわかりやすい、単純化した事例で説明しましょう。

幼稚園の子どもたちに「チョコレートあげるよ」と言うと、それだけで子どもたちはあなたの周りに「ワー」と集まってきます。

逆に「それちょうだい」と求めた瞬間に、「キャー」と散り散りに逃げていきます。

人は自分が欲しいものを与えてくれる人の元に集まり、自分から何かを奪う人からは離れて行くのです。

これは、子どもたちに限った心理ではなく、人間にとっての不変の法則です。

人を喜ばせれば、その分、もしくはその何倍にもなって喜びが返ってきます。人を悲しませれば必ずその痛みは返ってきます。

だから優しさを求めるなら、自分が人に優しくすればいい。認められたいなら、自分か

ら人をほめて、認めていく努力をすればいいんです。

「目の前の人に何ができるのか？　どうすれば目の前の人が喜んでくれるのか？」

これを心において人を大切にしていけば魅力が上がり、あなたの周りに人が集まってきます。

自分を幸せにするには、絵を見たり自然を見たりするのも効果的ですが、最終的に人は人によってハッピーになります。

これに気づいてスタンスを変えた瞬間から、それに呼応するように仕事だけでなく、あなたの人間関係も人生もうまく回り始めるのです。

■「フォーユー」で生きると得をする

「きれい事や道徳論ではなく、『フォーユー』で行動することが、あなたを最短で成功に

導く」のです。

その根拠を、もう少し具体的に説明してみましょう。

この話はぼくの大好きなベストセラー作家、喜多川泰さんという方の『賢者の書』（ディスカヴァー21）という本からいただいた話です。

あるところにAの国、Bの国の二つの国があります。Aの国には八〇〇人、Bの国には二〇〇人の国民が住んでます。この二つの国にはそれぞれ変わった法律があります。

Aの国の法律は、

「自分のことしか考えてはならない」

というもの。Aの国では自分の靴は揃えてもいいですが、人の分まで揃えると罰せられてしまうのです。

これに対してＢの国の法律は、

「人のことしか考えてはならない」

というもの。

Ａの国は当然風紀は乱れ、殺伐としています。自分の幸せは自分で守らなくてはいけないから当然です。

Ｂの国は規律は保たれ、みんなが笑顔です。もし笑顔じゃない人がいたら、みんなでその人を笑顔にしようとがんばります。当然ですよね。Ｂの国は「常に人のことを考える」ことが法律ですから。

ではここで問題です。

あなたがＡの国にいたとして、あなたのために動いてくれる人は何人でしょうか？

答えは自分一人だけです。

それではBの国では何人でしょうか？

答えは一九九人です。

さて、あなたはどちらの国で暮らしたいでしょうか？　考えるまでもなくBの国ですよね？　ここまでは誰でも想像できる範囲です。

そして、この話はここからが重要です。この極端に相容れない方針を持つAの国とBの国は、仲良くすることができるでしょうか、できないでしょうか？

当然考え方が違うんだからできないですよね。

……と言いたいところですが、実は仲良くできるのです。

それはなぜなのか？　Aの国は「自分を幸せにしてくれる人を探している人たち」であり、Bの国の住人は「幸せになりたい人を探している人たち」。つまりこれは、あげたい人と、もらいたい人でギブアンドテイク、つまり需要と供給が成り立つのです。

Aの国を「フォーミーカントリー」、Bの国を「フォーユーカントリー」と言います。

■人生が繁栄する条件

この仕組みが一番わかりやすく機能するものは何でしょうか？　人を喜ばせると繁盛するもの、

それは仕事であり、あなたの人生です。

「あー、疲れた。うまいビールが飲みたい」

と居酒屋にやってくるお客様は、ほとんどが幸せになりたい人だということになります。

「この店、繁盛していないみたいだから、オレたちが入って幸せにしてあげよう」

など考えて店を選ぶお客様はほとんどいません。お客様は、おいしいお酒を飲んで幸せになりたいから居酒屋にやってくるのです。

そう考えた時に、仕事をするならばBの国の考え方でいた方がいいに決まっています。それはあらゆるビジネスに共通する真理です。Bの国のビジネスは、放っておいても儲かるのです。

しかも、類友の法則という、似た者同士は引き合うという真理がありますから、「フォーミー」は「フォーミー」同士、「フォーユー」は「フォーユー」同士で引き合うようになります。

そうすると、片方の「フォーミー」組はどこまで行っても奪い合い、争い合い、もう一方の「フォーユー」組はどこまでいっても与え合い、喜ばせ合いが続く。

ひょっとしたら、これが「天国と地獄」なんじゃないんでしょうか。

これは実は人間の心の中の話なんです。つまり住む国は、その人の心の持ち方で決まるんです。

これは極端なたとえ話かもしれませんが、今の時代、何よりも自分のためにがんばるこ

とが価値あることだと教え込まれた「フォーミー」の考え方の人が加速して増えています。

それだけを考えると、お先真っ暗に見えてしまいますが、「フォーユー」の人にとっては、たくさんポイントを増やすチャンスが増えるというわけです。

つまり、Bの国の住人はますます希少価値が高くなり、その希少価値を求めてAの国の圧倒的多数が押し寄せてくるということになります。

こう考えてみると、これからの時代こそ、「フォーユー」で生きた方が、どう考えても得をするということがわかっていただけると思います。

■勝ち続ける人が大切にしていること

僕は、二一世紀はマニュアルサービスで勝負できる時代ではないと思っています。事業を展開する時に、マニュアルさえあればスタッフの質が確保できると思ったら失敗します。

スタッフ一人ひとりに、相手の立場に立って考える心が浸透する前に新しい事業を開始することになると、「幸せになりたいお客様」を幸せにすることはできません。

その結果、感動が減り、やがて行き詰まります。どんな大手企業でも、結局は人の集ま

り。そこで働く一人ひとりの心持ちや人間力にかかっているのです。

これも一人さんが教えてくれた話。

例えばあなたが一軒の饅頭屋を経営しているとします。

あなたの開発したあんこ入りのおまんじゅうが美味しいと評判になり、大成功しました。もうこれ以上生産能力は上がりません。つまりこれ以上は作れないということです。

しかし毎日大行列。あなただったら次にどうしますか？

僕は一人さんにこう聞かれた時、

「二店舗目の出店にすぐ取りかかります」

と答えました。

これに対して日本一の大商人である一人さんの答えはこうでした。

「あんこを増やしてさらに美味しい饅頭をつくる」

つまりは店舗を増やすのではなく、さらにお客さんの笑顔を増やす、つまり感動レベルを上げるということでした。確かにそうすれば、さらに評判を呼んで饅頭は売れに売れ、やがて溢れて二軒目を作らざるを得ない状況になります。

上手くいった時こそ、さらに人を喜ばせることを考える。さらなる「フォーユー」を追及する。

すると、こちらが求めなくてもビジネスはどんどん大きくなっていきます。それは規模の問題だけでなく、内容の拡大にもつながるのです。

■「どれだけ人に感動してもらえるのか」の追求が道を開く

一人さんに会うまでは、「事業拡大、多店舗化こそが俺の成功だ！」と、規模を大きく

することが最大の目標でした。

そんな僕に一人さんはこういう話をしてくれました。

「シゲ、俺なら多店舗化よりも、もっと面白いことを考えるよ」

「え？　どんなことですか？」

「あのな、京都のどこかだったと思うんだけど、ある山の上にとんでもなく美しい桜の木があったんだよ。あまりのきれいさに感動した人の口コミで有名になって、そこに行くためにたくさんの人が山を登ったんだよ。

そうするとその山に道ができて、縁日が立つようになって、町が明るくなったんだよ」

その時は、一人さんが何を言おうとしているのかまだわかりませんでした。

「つまりな、お前たちがわざわざ出て行くより、来てくれた人に喜んでもらって、その店

に全国から人が集まってくれたら面白いと思わないか？
出店しなくていいからお金もかからないし、そんな店はすぐに有名になる。その桜みたいに来てくれた人を感動させる店を作る方が楽しくないか？」

「そうだ。その生き方がある‼」

一人さんのこの桜の話に感動し、僕は多店舗出店計画を一切白紙に戻すことにしました。

お客さんの多種多様な要望に対して、

「いかに期待以上のものにして返すことができるのか？」

だけを考えることに切り替えたのです。

■「自分が相手に何ができるのか」を考える

こうして今ある一カ所で「どれだけ人に感動してもらえるのか？」ということを深掘りしていった結果、まだまだ未熟な店ではありますが、人口八万人の中津市の「陽なた家」に、年間一万人を超す県外からのお客様が来てくれるようになりました。

そして多店舗化の計画を白紙にしたにもかかわらず、うちの社員になることを夢にしてくれているアルバイトスタッフたちの働く場所を作るために、無理なく二号店、三号店まで出さざるを得ないという嬉しい悲鳴をあげることになりました。

バースデーやウエディングの予約件数もうなぎ上りになり、それにともなうＤＶＤの撮影や編集という仕事もスタッフがプロ級にこなしてくれるようになりました。

そのおかげで僕は、セミナーの講師や本の著述といった仕事が舞い込むようになり、有難いことに今は県外から一万人、バースデーイベント一三〇〇件、ウエディング、人材育

成（教育）、出版、出版プロデュース、コミュニティー活動、講演、イベント企画プロデュースなど、どんどんできることが増えてきたのです。

「一人の大きな感動が連鎖を起こしてやがてとてつもない渦になる」

僕たちは今この状態を「ハッピートルネード」と呼んでいます。

人を喜ばせる人は魅力が上がります。しかも、実はこれはただで手に入るのです。

あなたはこれからたくさんの人に出会うと思います。その時に、

「この人が何をしてくれるか」ではなく、「自分がこの人に何ができるか」を考えれば、相手にとってあなたは必然的に魅力的な人になるのです。

そうやって行動した時、あなたに魅力というものがプラスされ、人が人を呼んでくれます。

あなた自身がハッピートルネードの中心だと思って人を喜ばせてみてください。そうすれば、先のことはわからなくてもあなたは必ずいい道に導かれることになります。

■自分を犠牲にしない

先日、講演会を聞いてくださった方からメールでこんな質問をいただきました。

「永松さんの講演を聞いて、いかに自分が自分のことしか考えない人間だったかに気がついて落ち込んじゃいました。なかなか『フォーユー』になれない自分がいて葛藤しています。どうしたらいいですか?」

自分の説明が足りなかったため、同じように感じてしまった人がいるかもしれませんので先にお詫びします。ごめんなさい。僕はこう思ってます。

人を幸せにするために自分を犠牲にしてはいけない。

昔の僕は人を幸せにするためには自分を犠牲にしなくてはいけないと思い込んでいました、実際スタッフたちにもそう教えていました。特に日本人は自己犠牲こそが最大の美徳であると教え込まれています。

しかし、これでは絶対に長続きはしません。人間はそこまで精神的にタフではありません。「フォーユー」はあくまで自分を犠牲にせずにできること、それでいいのです。自分の幸せをちゃんと考える。そう聞くと、ものすごく違和感があるかもしれません。僕もその典型でした。なぜなら、自分の幸せを考えるっていうのはエゴなんだと教えられてきたからだと思います。

「自分のことを考えてはいけない」のではないのです。
「自分のこと『だけ』を考えると上手くいかなくなる」のです。

人も自分も幸せになること。その「お互いにハッピー」の関係が成り立った時、初めて

本当の幸せが成立するのです。この世は陰と陽、つまり表と裏で成り立っています。例えば一枚の紙でも、裏がなかったらその紙は存在しないのです。それと同じことなのです。

本当に人のためになることをすれば、それは自分も必ず幸せにします。そして本当の意味で自分のために生きた時、それは人も幸せにします。

ですから人のことばかりを考えて自分のことを犠牲にすると言うのは、裏のない紙を作ろうとするのと同じことなのです。

なぜ僕が「フォーユー」をお伝えしているのかと言うと、「自分が先、自分が先」と、あまりにもそれで失敗している人が多いので、この逆側の「人を大切にする」ということの必要性をお伝えしてバランスを取るためなのです。

自分の幸せが先か、人の幸せが先か、そう考えるのは「卵が先か、鶏が先か」の堂々巡りになってしまいます。表があるには裏が必要で、裏が存在するにはちゃんと表がなければいけないのです。

つまりは、「どっちが大事か」ではなく「どっちも大事」なんだと覚えておいてください。

■できる、できないではなく、目指すだけで人生が変わる

僕は本来自分が、究極の「フォーミー」人間だと思っています。今は前よりは、いくらかましになったかもしれませんが、それでも全くできていない自分に笑えてくる時もたくさんあります。

仲間たちと「フォーユー」について話をすることがあるんですが、僕なりのその結論を一言でお伝えさせていただきます。

「目指すだけでも立派なこと。僕たちはフォーユーを目指すフォーミーの軍団だ」

いかにも居直っているような発言ですが、実は違うのです。自分が目指すのは勝手です

し、誰もそれをとがめることはできません。

本来人間は「フォーミー」と「フォーユー」両方の心を持っています。しかし、実際「フォーミー」が過半数を占めていると言っても過言ではないと思います。

まず大切なことは自分を責めるのではなく、「フォーミーな自分自身がいるんだな。でもそれも当たり前だ」と認めることが大切なことなのです。

でないとそれが悪いことのように感じてしまったり、自分を責めてみたりすると、頭の中でどんどんマイナスな方向に向かってしまいます。

本来「フォーミー」は人間が生まれながらに持っている自己防衛本能と言ってもいいのかもしれません。自分を守ることも大切なことです。

「フォーミー」の自分をまず認めることができた。分かれ道はここからの考え方にあるのです。

「自分は『フォーミー』だから人に迷惑をかけてもしかたない」
と思うのか、もしくは、
「『フォーミー』の自分だけど、ちょっとでも人の役に立てるために生きてみよう」と思うのか？

ここがその人が生きていく上での分岐点になるんじゃないかなと思っています。

斎藤一人さんがこのことで迷っている僕にこんなアドバイスをくれました。

「シゲ、人間ってな、よほどの素晴らしい人を除いては自分を犠牲にしてまで誰かに尽くすことってできないんだよ。だから自分ができる範囲で人に喜んでもらえることを考えることがまず大事なんだよ。

誰かのためにと自分を抑え過ぎると心が壊れちゃう。でも逆に、感情ばかり出し過ぎちゃうと人間関係が壊れる。だから笑顔出して、人の心を明るくする言葉を言って、そうやって今できることからやっていくんだよ。

それがだんだん上達してくると、『人も自分も両方同時に幸せになること』を考えられるようになる。まずは無理しすぎず、できることを考えるの。そこからでいいんだよ」

フォーユースピリッツは本来、自分も人も裁くためにあるものではありません。「今できること」からやってみてくださいね。

■「誰かのため」は本当に偽善なのか？

「大切な人のため」つまりフォーユーを自分の中で掲げると、「そんなこと偽善だよ」と言われることもあると思います。「人の為と書いて偽と読む」と言う人もいますが、この言葉はこうも解釈できます。

人のためと思ってやったことは自分に返ってくる。ということは、自分にも返ってくるのですから、完全に人だけのためというのはあり得ないのです。もし他人だけのためだとしたら、それこそ偽物です。

「情けは人の為ならず」

この言葉の意味を、「情けをかけるとその人のためにならないから、良くない」ととらえていましたが、一人さんが本当の意味を教えてくれました。

「人に優しくすると、必ず自分に返ってくる。だから情けをかけるとは、一見人のためのようであって実は一番自分を大切にするものなのだ」と。

なるほどと思いました。そうは言っても旗を振って人に親切にするのには、この国の風潮ではとても勇気のいることです。

しかし、よく考えてみてください。先ほども言いましたが、仕事の本質は「フォーユー」です。

仕事とは、人の役に立つから存在意義があるのです。会社の役に立つからその人が必要とされるのです。自分だけの快楽を追いかけて何もせずに寝転がっていて、お金が手に入

るのであればそれにこしたことはありませんが、そうはいきません。必要とされない仕事やお店、そして、人は残念ながら淘汰される仕組みになっているのです。人の役に立つ。人のためになるからこそあなたが成長するのです。

そう考えると、「人のために」は当然の摂理なのです。

昔から、真の成功者はこの単純な真理を知っていたのです。

第3章 Chapter 3 感動が出会いを広げる

■あなたにとってのシャンクスは誰ですか?

「シゲ、あそこに山があるとする。どうやったらその山に一番早く登れると思う?」

僕は小学生の頃、父にこう聞かれたことがあります。正直チンプンカンプンだった僕に父はこう教えてくれました。

「あのな、その山に一番早く登る方法、それは登った人に道を聞くことだ。だからお前は自分の憧れになる人を見つけて、その人に生き方を学ぶんだよ」

何気ない会話でしたが、父の言葉が僕の心に深く刺さったのを覚えています。それからというもの、僕は全く人見知りしない子になりました。そこからたくさんの人に出会い、終世のモデルを見つけました。僕にとってはそれが斎藤一人さんでした。

最近、世の中で大ブームを起こしている『ワンピース』という漫画をご存知でしょうか？　ルフィという一人の少年が、幼い頃、命を助けてくれたシャンクスという海賊に憧れて、仲間を作りながら宝島を探していくという物語です。僕は『ワンピース』の第一話に大きな成功の鍵が隠されていると思います。

人生は誰に出会ったかで決まります。もしやりたいことがわからなかったら、

「どんな人になりたいのか？　どんな人でありたいのか？」

を考えることが、成功に近づく一番の早道であると思います。つまり自分が「こんな人になりたい」というモデルを見つけることが、一番の早道なのです。

僕は運良く斎藤一人さんとの出会いをいただき、数々の教えをいただくことができました。日本の納税王と呼ばれる一人さんは、僕のような何のゆかりもない若造に汗をかきながら全力でいろんなことを包み隠さずに教えてくれました。あまりにも駆け引きなく教え

てくれるので、僕は一人さんにこう聞いたことがあります。

「師匠、僕はここまでしていただいて、どうお礼したらいいのかわかりません。いつもこうして教えていただくのは恐縮なので、せめて講師料を受け取っていただきたいんですが」

「いらないよ。俺はお前からお金をもらおうなんていっさい考えてないから」

「でも……」

「後から来るお前にお金なんかもらわなくても俺は十分生きていけるから、今後そんな話はしなくていい」

「そりゃ、たしかにそうかもしれませんが、申し訳ないです」

「じゃ、一つだけお前に注文しようかな」

「はい」

「俺はおかげさまで商売で成功して、日本で一番納税をさせてもらえるようになった。これは全て世間のおかげなんだよ。だから俺は恩返しとしてお前っていう次世代を生きていく子に教えを伝えてるんだよ」

「ありがとうございます。光栄です」

「だからな、俺が伝えたことを実践していつかお前が成功したら、お前の後から来る次の世代に同じことをしてやってくれ。それが俺に対する恩返しだと思いな」

僕はその言葉を生涯忘れることはありません。しびれました。心の底からこんな男になりたいと思いました。斎藤一人さんという終世のモデルとの出会いが、僕の人生を根底から変えてくれました。

やりたいことが見つからない時は、憧れのモデルを見つけ、そしてその人の考え方を自

分の頭の中にインストールしていくこと。それが最短の近道です。

すばらしいモデルとの出会いがすばらしい人生を作るのです。

■人生を変えた一本のDVD

北九州に感動を巻き起こす美容室として全国的に有名な「バグジー」というお店があります。オーナーの久保華図八《かずや》さんにはことあるごとに、ずっと感動の勉強をさせてもらっていました。ある日、久保さんから電話がかかってきました。

内容は新入社員の研修があって、そのときに「陽なた家」を紹介したいから、何か紹介できるものを送ってほしいというものでした。チャンス！　そう思った僕たちは、時間がなかったので徹夜で今までの「陽なた家」のドキュメンタリーを作り、早朝電車に飛び乗り一時間かけてバグジーまで届けました。研修に出発する三〇分前だったのでギリギリ間に合いました。

結果は大成功でした。みなさん大号泣して喜んでくれたそうです。

そのたった一本のＤＶＤがとんでもない渦を巻き起こすことになります。


それからほどなくして、陽なた家に一本のメールが届きました。広島在住の女性からでした。それは僕たちが作ったＤＶＤを見て感動したというお礼のメールでした。

なぜ広島？　僕たちはよく意味がわかりませんでした。

「おい誰か、あの映像、広島の人に送った？」

「いえ、バグジーさんだけですよ」

気になったのでその方にどこでその映像を見たのか、メールで聞いてみました。すると、知り合いから回ってきたということでした。その出先をたどってみると、広島で経営コンサルタントをやっている田原さんという人に行き着いたので、お礼のメールをすると田原さんから電話がかかってきました。

「すみません、バグジーさんの新入社員研修に参加させてもらったときに、あまりにも感動したので、ついコピーして配りまくってしまいました。勝手にすみません」

「いえ、こちらこそ、たくさんの人に見ていただいてうれしいです。ありがとうございます」

このことがきっかけで田原さんと仲良くなり、田原さんが配りまくってくれたそのＤＶＤを見て感動してくれた鹿児島の会社で講演をさせていただくようになったのです。

■同世代のキーマンとの出会い

その時のご縁がくれたものが、今僕が作っているコミュニティーの鹿児島のリーダーで、モデルやタレントを始めとした人材派遣業、㈱清友という会社を経営している宮之原明子さんという僕と同い年の女性との出会いでした。僕は彼女のことを「あき」と呼んでいるので、ここでもそう書かせてもらいます。

そのときの講演で、彼女は僕の「フォーユー理論」にえらく感動してくれ、たくさんの人に僕を紹介してくれるようになりました。今思えば彼女との出会いが僕の人生最大の

ハッピートルネードの始まりでした。

後で詳しく書かせてもらおうと思いますが、僕は自分の研究の一環で、特攻隊の記念館で有名な、鹿児島の知覧《ちらん》にたびたび足を運んでいました。そのときに出会った俳優の今井雅之さんの特攻隊員さんをモチーフにした舞台、『ウインズオブゴッド』のお手伝いを、ちょうどそのころさせていただいていました。その作品はアメリカで映画にもなっていました。その映画の中でレプリカで作られた数台の零戦を爆破するシーンが衝撃的だったので、今井さんのマネージャーに聞いたことがあります。

「あの零戦いくらかかってるんですか？」

「一機一〇〇〇万くらいだよ」

「え？　それを爆破したんですか？　あれって合成じゃないんですか？」

「それじゃ臨場感でないからって。今井さんそういう人だから」

「なるほど」

「でも爆破を見てた今井さんと制作者は泣いてたよ」

「でしょうね」

そんな会話をしてほどなく、再び僕はあきと知覧に行きました。その帰りにあきが、鹿児島の天文館にある知り合いのバーに連れて行ってくれました。そのバーの名前は「ピーズバー」。そこでメニューを開くと最初のページに『ウインズオブゴッド』の鹿児島公演のチラシが入っていました。

「マスター、この店『ウインズオブゴッド』の応援してるんですか?」

「それもそうなんだけど、あの映画の零戦、俺が作ったんだ」

「はい?」

つい先日話した零戦の制作者がたまたま行ったその店のバーのマスター、リッキーさんだったのです。

偶然と言えばそれまでですが、世の中にある飲食店の数を考えれば、これは天文学的な

確率。その奇跡としか言いようのない偶然に感動しまくった僕は、まるで数年来の友人であるかのように、リッキーさんと熱く語りました。リッキーさんは話の途中に一本の電話をかけました。

「オーナー、えらい熱い男がいるんで紹介したいんですが、店に来てくれませんか？」

その電話で駆けつけてくれたのが、その店のオーナーで、宮崎、鹿児島では知らない人がいないというくらい有名なラジオのＤＪであるポッキーさんでした。娘がいるからと帰ったあきをのぞいて、ポッキーさん、リッキーさん、僕の三人は朝まで語り合い、ともに日本を元気にしていく約束をし、同志の誓いをかわしました。

■同じ思いの人間は、必ず出会うようになっている

それから約二カ月後、年の瀬も迫る一二月、僕とあき、そしてあきの妹みかと、コミュニティーの京都のリーダーである、モリタリョウジという仲間四人で東京で集まり、ある

セミナーに参加しました。僕はスピーカーとしての参加でした。僕の講演が終わり、あき、みか、リョウジと並んで席に座っていると、そういうセミナーの講師としては珍しい格好でギターを持って出てきた男がいました。その人の歌に感動したセミナーの主催者の方が、トークばかりでは面白くないからとシンガーをゲストとして呼んでいたのでした。

彼の名前はユウサミイ。日本人ですが、オーストラリアのゴールドコーストというところで歌を歌っているという男でした。

サミイが歌い始めた瞬間、会場の空気が止まりました。

僕は彼の歌を聞きながら泣いてしまいました。正直、人の歌を聴いて涙を流したのは二〇年ぶりくらいでした。

「あき、決めた」

「なに？」

「あの人を俺たちの仲間に引っ張り込もう」

「無理に決まってるよ。プロダクションがついてるって」

歌を聴いて感動に浸った休憩時間、僕はあきからプロダクションとは何たるかを聞いて、「サミイを仲間に入れよう計画」はあきらめていました。その日の二次会。僕たちは四人そろって参加していました。いろんな方とお話をしていると、あきがうれしそうに僕のところに来て、

「シゲちゃん、シゲちゃん、さっきのサミイさん、ポッキーさんとリッキーさんと大の仲良しだって！　しかもシゲちゃんの講演を聞いて、シゲちゃんと話がしたいんだって」

あきとポッキーさん、リッキーさんのおかげで僕とサミイはすっかり仲良しになりました。たびたび会って、お互いに志を語り合うようになりました。

「歌と講演、形は違うけど、伝えることは同じだからいつか一緒に何かをやろう。日本を

元気にしていこう」

こうしてメッセンジャーコンビ、「シゲ&サミイ」が誕生しました。そして本書の出版がされる二〇一一年五月二五日、同時日にサミイのサードアルバムも初全国流通リリースされることになったのです。

サミイの歌は僕の仲間たちの間でどんどん広がり、各地で「ユウサミイ応援団」が結成されました。二〇一一年には、あきの仕掛けで鹿児島で一五〇〇人の前で歌うまでに発展しました。

■感動の出会いがくれたもの

今回、本書『感動の条件』についた特別DVDのイメージソングは全てサミイが楽曲提供をしてくれました。今この本を読んでくださるあなたにも、ぜひサミイの曲を聴いていただきたいと思います。

そしてあきとの出会いをプロデュースしてくれた田原さんは、「感動コミックシリーズ」という、感動経営をしている会社にスポットを当てた漫画のプロデュースをしていたことから、「陽なた家」が田原さんの漫画のシリーズに選ばれ、本書『感動の条件』の約一カ月後、二〇一一年七月に新たに漫画として僕たちのストーリーが出版されることになっています。

もともと出会うはずのない場所で生きている同じ志を持った人間が出会い、一つの物語を紡いでいく。その鍵はすべて「感動」でした。そしてそのストーリーは、たった一本のＤＶＤから始まったのです。

さかのぼって考えてみると、もし、僕たちがそのＤＶＤに手を抜いていて、感動が起きなかったら、この一連の出会いはありませんでした。ということは、目の前のことを一生懸命やって人を喜ばせていくことが、人生を広げていくことにつながるということなのです。

■出会いは目の前から広がっていく

目の前の人や目の前のことを大切にする、講演でこうお伝えさせてもらうと、

「それって遠回りになるんじゃないか？　遠くの成功者に会いにいくことが一番の近道になるんじゃないか？」

よくこう聞かれます。確かに遠くの人に会いに行くことも大きな力になりますが、それと同じくらい、今まで近くにいてくれる人の協力は大切なことなのです。

一人さんが僕によくこう言ってくれます。

「近くにいる目の前の人を大切にするって、実はこれほどの近道ってないんだよ。何と言われようが、この世の中ってそうなってるんだよ。目の前の人を大切にしてな。

そうすることが一歩一歩、歩いてるってことなんだよ。

いいか。目の前の人だぞ。目の前に出てきた人が天命で、お前が出会うべくして出会った人なんだよ。その天命にまかせて人事を尽くすんだよ。

そうすると、不思議とお前が設定してたところよりも、はるかすごいところへ連れて行ってくれるんだよ。そしてな、チャンスって人が運んできてくれるんだよ。思いもかけないところからやってくるんだよ。

だから自分のところに来てくれた人を一生懸命大事にするんだ。そうすればお前の魅力がどんどん上がって、勝手に協力者が出てくるんだよ。

いいかい、目標設定は一回でいいんだよ。それよりもどれだけの人を大切にしてきたかの方がよっぽど大事なんだよ。目標達成は魅力を上げるのが一番の早道なんだよ」

たこ焼き屋だった僕が、たくさんの人の前で講演させてもらえるようになり、そしてこうやって何冊もの本を出させてもらえるようになったのは、一人さんのこの教えを、そのまま実践したおかげ以外のなにものでもありません。

■感動の総数があなたを成功に導く

目の前の人、つまりあなたの周りにいる人を大切にする。一見この地味で非効率のように思えることが、あなたの人生を大きく変えるのです。簡単に流れを説明すると、

あなたの目の前の人を大切にする　↓　その人があなたを好きになる　↓　口コミが起きる　↓　あなたの元にたくさんの人が集まってくれるようになる　↓　来てくれた人を大切にする　↓　その人たちがさらに人を連れてきてくれる　↓　必然的に出会いが増える

出会いというのはあなたがこうして来てくれる人を大切にした時に感動が生まれ、そしてあなたのところにチャンスが舞い降りてくるのです。

あなたの最高の縁は、かけ引きなしであなたのことを思ってくれる人たちなのです。

「あなたが好きだから」とあなたのもとに集まってくれた人が、あなたの本来出会うべき人たちなのです。

例えば、一般に言われる成功者や有名人にはたくさんの人が集まってきます。もしその有名人に会ったとしても、実際にその人から覚えてもらえるのは、よほど際立った何かを持っていることが大切になります。

逆に、もし声をかけてもらう機会の少ない人が、誰かに優しくしてもらった時、人はその感動を忘れません。

優しさを受けた本人の感動のレベルで考えてみると、どうみても、有名人の感動よりも、後者の感動の方が大きいことになります。

そして、あなたが集めた感動の総数があなたを成功に導いていくのです。

第４章 Chapter 4 感動を生み出す非効率の追求

■忘れられないバースデー

毎年一〇〇〇件を超える誕生日のお祝いをしていると、たくさんの奇跡が起こります。

今から紹介する話は、僕たちの中でも忘れられないバースデーの記録です。当時店長（現在はマネージャー）の南部京介のブログの文章です。

――――＊――――――＊――――

その方が、最初にご来店されたのは、陽なた家がオープンして最初の一月を迎えた寒い日でした。

オープンから約八カ月。バースデーの口コミが止まることを知らず、毎日イベントで盛り上がる日々でした（今も毎日のようにイベントはありますが……）。

そんな日に誕生日の依頼がありました。依頼をされたのは、森田さんという優しい目をした年配の女性。その日誕生日の方のお名前は「斉藤美春さん」。

いつも通り、僕たちはイベントをさせていただきました。美春さんは大号泣。泣いてくださるお客様は今までたくさんいらっしゃいましたが、泣き方が尋常じゃありません。思わず、僕たちももらい泣きしてしまいました。

イベント直後、美春さんから僕らにもう一つケーキを作って欲しいと依頼がありました。

詳しく話を聞かせていただくと、結婚を約束していたフィアンセが二カ月前に亡くなり、今日はそのフィアンセの実家にご挨拶に中津に来られ、そのご家族がなんとか美春さんを励ましたいということで陽なた家にご来店されたということでした。

美春さんが来月誕生日のフィアンセの仏前にお供えしたいとのことで、お持ち帰り用のケーキを依頼されました。

なんとも言えない感情がこみ上げ、デザート担当の陽なた家ママにケーキを再度作ってもらい、箱に包まず、もう一度バースデーイベントをさせていただきました。

このイベントをする上で、みんなで決めたことが一つありました。それは、

「絶対に泣かない」

ということでした。精一杯させてもらおう！　その気持ちでトランペットを吹き、みんなで天国にいるフィアンセの央さんのために、ケーキを持っていきました。

美春さんは顔をくしゃくしゃにして泣いていました。ケーキに立ったローソクたちはただ消されるのを待って暗闇の店内を優しくゆれていました。

陽なた家ファミリーは、全員泣いてしまいました。皆が一つになった瞬間でした。

励ますなんてことはできません。元気にすることさえも……。ただみんな、それぞれが心にある何かを届けようと一生懸命でした。

美春さんがその時、喜んでくれたかどうかはわかりません。とてつもなく複雑な思いが交差して、感情が想いの壺からあふれ出た感じでした。

みんなにとって一生忘れることのできない一日になりました。

――――*――――*――――

■奇跡の写真

実はこの話には続きがあります。京介が当時つき合っていた彼女（今は奥さん）と大分きっての温泉地、湯布院にデートに行った時のことでした。

ふと立ち寄った雑貨屋で平積みされていた、ある写真集を目にしました。

名前は『ラブレターズ』。ぱらぱらっと手に取り、またもとの位置に戻しました。

しかし、気になってもう一度その写真集をめくっていくと、その中盤に中津駅の写真が

出てきました。「え？」と思い、見ていった最後のページに、なんとその日のケーキが写っていたのです。

間違いかな？　と思ったそうですが、そのケーキには、

「ちょっと早いけどハッピーバースデー、央」

と書かれたメッセージカードが一緒に写っていました。

間違いなくあの時のケーキでした。京介は雑貨屋の中で涙が止まらなかったと言います。雑貨屋の店員さんにお願いして、その写真集の作者の連絡先を教えてもらい電話しました。しかし、電話はつながりませんでした。

それから一カ月後の一月六日、店に一本の電話がありました。

それはその写真集の作者、京介が探していたあの日のバースデーで泣いていた、美春さん本人からでした。しかも、その日はそのバースデーのイベントをした日から二年後のその日でした。

僕はその状況を見ていて、

「この世には奇跡ってあるんだ」

そう思いました。電話越しにみんなで美春さんにバースデーを歌いました。

これは、今でも僕たちの中で忘れることのできない思い出になっています。

■人が忘れかけている大切なこと

世の中の会社は生産性や効率を追求し、進化してきました。効率というのは数字で表せたり目に見えるもので計りやすく、確かにこれは大切なことです。

しかし、そればかりを追い続けるがゆえに、目に見えないものを忘れてしまっているのではないでしょうか。効率化の裏に、決して忘れてはいけないものがあります。

それは「心と手をかけたもの」です。僕はこれを大切にすることを、「非効率の追求」と呼んでいます。そしてこの追求こそが、あなたの人生を大きく開いていく方法なのです。この章では、非効率なことがあなたの人生にどれだけ大きなチャンスをもたらすかをお伝えしたいと思います。

■人を喜ばすのにお金はかからない

僕たちの店ではできるかぎり非効率なことに力を入れています。ルールの中に「お客様が喜ぶことだったら何をやってもいい」というルールがあり、みんなで、そのアイデアを大真面目に考えています。

ただし、お金をかけずにできるものに限ります。

たこ焼きのお皿の上に「ようこそ陽なた家へ」とソースとマヨネーズで文字を書くというアイデアも一人のスタッフの発案でした。

お客様のバースデーでウサギの着ぐるみを被ってお祝いするというのも、スタッフが独自に考え出したことです。

火を吹いてお客様をビックリさせようとして、その練習中に髪の毛や眉毛を燃やしてしまったスタッフもいます。もちろん、これは危険なのでやめましたけれど……。

「そんなことやっているヒマがあったら、一枚でも多く皿でも洗え」

普通ならこう言いたくなるのではないかと思います。

しかし、僕はこうしたアイデア出しや、スタッフとの意見交換に使う時間がもっと欲しくて、ランチ営業をやめてしまいました。ランチに当てていた時間帯を、スタッフとのミーティングに回したのです。

そのミーティングは、アイデア出しだけでなく、普段からスタッフが感じていることなどを何でも言い合える、いわば雑談の場です。

「何百万というランチの売り上げをなくしてまで、そんな雑談をする意味がどこにあるのか？」

と思われるかもしれません。
ところが、こうして非効率なことを追及しているうちに、ランチをやっていた頃の売り上げを上回ってしまいました。

■非効率、やった人だけが得する三つの理由

非効率の追求には、こんな特徴があります。

その１・お金があまりかからないということ。

例えば、笑顔でいる。お見送り、お出迎えをする。お客さんの誕生日を覚える。暖かい声をかける。人の仕事を手伝う。人が脱いだ靴を揃える。とにかく人のために一生懸命になる。その他たくさんありますが、このほとんどのことにお金がかかりません。

その２・口コミが起きやすいということ。

僕たち陽なた家ファミリーの最大のお家芸はバースデーです。今では口コミで年間一三〇〇件の予約を超えるようになり、県外からも年間一万人（二〇一〇年度）の人が来てくださるようになった原動力がこのイベントです。

僕たちのバースデーは、キッチン、ホール、すべての作業を止め、スタッフ、お客さんみんなで、その人のためにお祝いをします。泣いて喜んでくれる人もいます。そしてこのバースデーでたくさんのドラマが生まれました。

正直このバースデーは、お客さんを集めようと思って始めたイベントではなく、あまりにも人が喜んでくれるので、味をしめてお祝いしまくってるうちに件数が増えたのです。

バースデー、結婚祝い、歓送迎イベントとお祝いできるものは何でもやるようになり、ついにはウエディングまでさせてもらえるようになりました。こうして人のお祝いをしているうちに気がついたことがあります。

「感動すると、人は伝えてくれる」ということです。

このイベントは、店的には効率の良いことではありません。しかし、一円もかけずに人が感動してくれるのです。そうすると、人が誰かに伝えてくれるようになります。

「ねえねえ、こんな誕生日をしてくれる店があるの。今度一緒に行こうよ」

とリピートしていただけるだけではなく、紹介もしてくれることが多いのです。

宣伝費は一円もかけていません。ということは、非効率なことを力いっぱい心を込めてやった時、感動が生まれ、口コミが起こるのです。

下手くそながらに心を込めてやって行くと、その気持ちは必ず伝わります。そうすると常連さんが増えていきました。

今の時代、高い広告費を払っても効果は低いですが、この方法で行けばかかるのは自分の労力だけです。非効率なことを、徹底的に追及すると最大の効率化に行きつくのです。

その３・非効率なことは馬鹿にされやすいから、競争相手が少ない。つまりやった者勝ちということ。

今になってわかることがあります。それは、誰でも知っているはずのことを、意外とみんなやっていないという事実です。

当たり前のことは意外とばかばかしくてやらないのです。ですから、一人でかけっこすれば、誰でも一等賞になれる。つまり、やった者勝ちだということです。

バカバカしくて人がやらないようなことに、いかに真剣に取り組めるか、ここが肝心です。

■着ぐるみが走りまくるバースデーイベント

非効率なことをやっていたら売り上げは下がるはずなのに、なぜ逆の結果が出たのか。

それは、効率化では絶対に得られないものが得られるからです。

お客様のバースデーに、スタッフがウサギの着ぐるみを被って走り回ってお祝いする

と、たいていのお客様はびっくりしたり、感動したりしてくれます。

「うわー、すごい！」「キャー、嬉しい！」

その場で携帯で写真を撮り、メールで友人に送ってくれます。そして、一言書き添えてくれます。

「今度、一緒に来ようよ！」

あるいは、自分のブログに載せてくれます。

「こんな、面白いお店に行ってきました……」

さらには、バースデーの様子を見たほかのお客様が、

「近々誕生日を迎える友人がいるので、同じように祝ってあげたい」

と、その場で予約を取ってくれるケースもたくさんあります。

「夢天までとどけ」という二号店では、お帰りのお客様にバナナを配っています。いい気分で飲んで食べて、店を出ようとしたお客様は、「ありがとうございます！」という声とともに、いきなりバナナを手渡されます。

すると、お客様はどうするでしょうか。

中年男性客だったら、そのままスナックに流れて、店のママにバナナを渡してくれます。

「何これ？　どうしたの、このバナナ」

「いや、今行った居酒屋でくれたんだよ」

「へえ、面白い。それどこの店？　今度連れて行ってよ」

若い女性客には、

「明日のお昼ご飯にしてください」

と渡しますから、本当にお弁当と一緒に職場に持って行ってくれる人がいます。

「どうして、バナナなんか持ってるの？」

「昨夜行った居酒屋でくれたんだよね」
「何それ？　面白そうじゃない。私も行ってみようかな」

こうして僕たちが追及している非効率は、「口コミ」「リピート」「紹介」という、お客様商売の人間にとって喉から手が出るほど欲しいものを、一度に与えてくれるのです。目先の売り上げのために効率化を図るのではなく、徹底して「フォーユー」の非効率を追っていくと結果として大きな得をするようになっているのです

人はすぐ目に見えて結果が出ないことに関しては、一歩を踏み出すのに躊躇してしまいます。しかし、本当に人が喜んでくれるのは、「ここまでやるの？」という感動に触れた時だということを覚えておいてください。

感動は、必ず非効率の中にある。

逆に言えば、非効率なことをとことん誠実に追いかけるから、人が感動してくれるのです。

■与えたものは返ってくる

僕の大切な仲間で、札幌で「桜チョップス」というすてきな大繁盛の居酒屋をやっている、尾形幸弘さんという、僕の二つ年上の経営者がいます。

おがちゃんの店に最初に行った時、それはびっくりすることだらけでした。店内が全て人を感動させるための仕掛けになっているのです。その中でも一番びっくりしたこと、それはなんと、

自分の店のレシピをお客さんに公開し、はがきサイズにして持ち帰れるようにしていることでした。

「ねえ、おがちゃん。これってよその飲食店の人、もらいに来ないの？」

「あ、来てるよ。よく来る」

「それ、アリなの？」

「うん。みんな喜んでくれてるからいいんだよ」

これには感動を通り越して、あきれてしまいました。

おがちゃんは居酒屋を始めた当初、全くと言っていいほどうまく行かず、答えを探して

たまたま入った本屋で、斎藤一人さんの書いた『変な人の書いた成功法則』という本に出会いました。その中で、

「けちけちせずに人に与えるんだよ。いいものはどんどん人にあげるんだよ。心の豊かな人には必ずいいことが起こるから」

その言葉を信じ、実践していたら店の売り上げが四倍になったそうです。

いいものあげるったって、何もレシピあげなくても…。

しかし、確かにおがちゃんの店は大激戦区札幌でぶっちぎりの大繁盛店になっていました。しかも、僕たちが仲良くなったことで、おがちゃんはあこがれの一人さんと初対面。

そこで僕がおがちゃんのレシピ公開の話をしたら、それに感動した一人さんが、

「俺の言ったことをそこまで信じて実践してくれてありがとうよ。どうだ？　そのことを本に書いてみなよ。俺が応援するから」

そう言っておがちゃんは、外弟子として一人さんの元で勉強できるようになったのです。

与えたものは思わぬところから必ず返ってきます。しかもこれには大きな利子がついてくるみたいです。おがちゃんの姿を見てそのことを改めて感じさせてもらいました。

■効率で感動は生まれない

ビジネスにおいて、効率化は絶対的に必要なものとされています。

しかし、効率をそのまま追い求めると本当の効率化にはつながらず、むしろ徹底的な非効率化を図った方がはるかに効率が良くなるケースがあるのです。

もちろん、効率を無視していいという話ではありません。効率が悪い仕事をしていいれ

ば、上司や同僚や取引先などの時間を奪い、迷惑をかけるからです。

しかし、効率化で得られるものは、「マイナスの回避」程度のものでしかありません。

効率化の結果として、大きな感動を生み出すことを期待するのは無理があります。


たとえば、僕の関わっている飲食業界において、生ビールを出すというのは結構時間もかかりますし、難しい作業です。

同時に五杯の注文を受けた生ビールを、早くしかもすべてのジョッキの泡をきれいに保ったまま、お客様にお持ちするのは大変です。

そこでサーバーの数を増やし、数人のスタッフが同時に注ぐなどして効率化を図り、仮に五杯の生ビールを三〇秒できれいに出したとします。

しかし、これで得られるものはお客様の不満解消レベル。生ビールを出すのが遅ければお客様は不満を抱きますが、かといって早く出してみたところで、とくに褒めてもらえるわけではありません。

「なんでこんなに早く出せるの？　すごい」と驚いてくれるのは同業者のみ。

つまり、効率化は必要ですが、それはあくまでお客様を怒らせないための最低限の次元

の話なのです。

感動は徹底した「フォーユー」の中から生まれてくるのです。

第5章 Chapter 5 感動が夢を叶える

■具体的計画や数値目標は、本当に人をワクワクさせるのか？

夢。とても心をワクワクさせる言葉です。

人は夢を持ち、人生を切り開き、そして進化してきました。夢を見つけることで、人は元気になります。

最近、「夢」という言葉が盛んに言われるようになりました。これはとても良いことだと思います。先行き不安な時代だからこそ、人は未来に希望を求めます。しかし、なかなか夢を叶えることができない人が多いのはなぜでしょうか？

それは多くの人が、叶わない方向へ夢を掲げてしまっているからです。夢の叶え方以前にまず、夢の設定を間違っているような気がします。

間違った夢の持ち方をすると、空回りしてしまい、かえって回り道になってしまいます。

僕の店ではこの五年間、数値目標や実行期日を決めたことがありません。正確に言うと、掲げても僕らにとっては全く意味をなしませんでした。

経営をやっていく上で、そのスタイルはかなり無謀だと多くの先輩から言われました。ところがおかげさまで、不況と言われる昨年、ほとんど僕を抜きで、スタッフたちが過去最高の年間売上と利益を出してくれました。

どんな仕事でも同様だと思いますが、売り上げとコストのバランスを緻密に計算し、それに沿った数値目標を掲げるのは経営者の最も重要な責務とされています。

それでも、僕がやらなかったのは三つの理由からでした。

①自分たちが心から求めるハッピーに行きつくような気がしなかった
②向いてないと感じた
③ワクワクしなかった

僕は、細かい数値目標や期日を決めるより、もっと確実に自分たちに向いていて、自分に関わる人たちがハッピーになる方法があることを知り、それを経営に生かしてきただけです。

数値目標や期日を決め、その目標に沿ってがむしゃらに努力するよりも、楽しく確実に成功できる方法を紹介します。

■夢を叶える「意味」を考えたことはありますか？

「夢を持つことは大切」、あなたも小さい頃からそう言われて育ってきたのではないかと思います。

僕は小学校のころから、たこ焼き屋になることを夢見て、そしてたこ焼き屋になることができました。

しかし、たこ焼き屋になってしまった後、つまり夢が叶った後、

「俺これから何を夢にすりゃいいんだろう?」

と途方にくれたことがあります。今思えば、一種の燃え尽き症候群みたいなものだったのでしょう。

それからは、夢を持つためにやっきになりました。夢セミナーに通いました。どこかに夢がないか探し歩きました。夢をくれそうな人のところに足を運びました。

しかし、どこに行っても、僕は夢を見つけることができませんでした。

「夢を壁に書いてはるといい」

と聞いて、どこかから持ってきた人のかっこいい夢を自分の夢にすり替えて壁にはったりもしました。しかしそれでもまったく叶いませんでした。

夢を壁に張ることはとてもいいことです。確かだと思います。

しかし今思えば、僕が間違ったのは、やりたいことではなく、「人に褒められること」を夢と錯覚したことでした。そして、「夢はどこかに転がっている」と思ったこと。きわめつけに間違っていたのは、「夢を持っていないとかっこ悪い、人間失格だ」と思い込んでいたことでした。

今、僕はこう思います。「自分の本当の夢」を見つけるために必要なことがあると。

それは自分の夢が「何のために」「誰のために」あるのかを考えてみることです。そしてその夢が叶ったことを想像した時、その夢に向かっていく時に、心からワクワクするかということです。

その夢が、かっこいいから、流行っているからなどではなく、「自分が本当にやりたいことなのか?」と自分自身の心に何度も問いかけてみてください。

誰に褒められなくても、認められなくてもやりたいことなのかと。

夢はどこにも転がっていません。人がくれるものでもありません。自分の中にあるものなのです。

褒められたくて持った夢は、人から反対されただけでポキッと折れてしまいます。しかしそこに向かう意味がはっきりすると、どんな困難があってもその夢は折れなくなります。自分としっかり向き合わずに、夢は見つかりません。それはサングラスを頭に引っかけたまま、

「サングラスを探しに旅に行ってきます」

と言うのと同じことなのです。

■目標達成型成功と展開型成功

人の成功には二種類の道があります。

一つは、しっかりとした目標を立てて、具体的な計画を作り、あきらめずに歩いていくというもの。これを、「目標達成型成功」と呼びます。

そしてもう一つは、目の前の人、仕事を全力で大切にすることで、人に好かれ、頼まれごとが増えていくうちにどんどん道が開けていく方法。これを「展開型成功」と呼びます。

実は本書は二つ目の展開型成功の本なのです。先ほどのショートストーリーで伝説の船長が言ったことを思い出してください。

「行った島の人に認めてもらうと、次の島への羅針盤と地図をくれる」

それはつまり、

「出会う人を幸せにするとチャンスが増えて、あなたのステージが変わる」

ということなのです。

■期待以上が感動を生む

例えば上司に仕事を頼まれた時、あなたはどう考えていますか？

「仕事だから仕方ない。適当にやったらいいや」「面倒くさいな」そう思いますか？
もしくは「せっかくだから頼まれた以上のことを返そう」と思って引き受けますか？
ここがあなたの運命の分かれ道になります。つまりあなたのやったことが、相手の求めるものを超えた時、そこに感動が生まれます。

最初はできることからでいいんです。そしてそれは無限大にあります。しかし、一つだけ条件があります。

それは自分の力を出し切るということです。

あなたが五メートル泳げる時は全力で五メートル泳いでください。そうした時、五メートルを楽に泳げる筋力がつき、そして六メートル、七メートルと距離が伸びていきます。人を喜ばせるのもこれと同じです。できることを全力でやっているうちにやがて「感動を生み出す力」がついてきて、やがては大きな力になるのです。

「常に期待以上を目指す」

この言葉があなたの人生を成功に導いていくのです。

目の前のことは、退屈に見えてしまうことが多いかもしれません。しかし、それをとこ

とんやって、「もうダメだ」と思いそうになるくらいまでがんばった時に、人からもらった笑顔だったり、「ありがとう」の言葉だったり、そんな小さな光の中に「本当に自分がやりたかったこと」を見つけることができます。

もうすでに夢を持っている人は、そのままがんばってほしいと思います。しかし、夢が見つからなくてもくさらないでほしいのです。

あなたは「夢が持てない」のではなくて、「自分が心の底で持っている夢に、まだ気づいていない」だけなのですから。

夢を見失った時は、「とにかく今、目の前にあること」に使命感という意味を見出し、全力を傾けてみてください。そして今、目の前にいる大切な人を喜ばせていけば、必ず道は開けます。

そしてその開けた道の向こうに、必ず自分のやりたかった夢が光りながらあなたを待っています。あせらずに一歩ずつ行きましょう。

■感動の人生の脚本を書いてみよう

二〇世紀最大の発見、それは「思考は現実化する」という法則だと言われています。

一見信じがたいことですが、最近、僕はこの法則は真実のような気がします。

「考え方がその人の人生を作る」

このことに対して、「無理だよ。そんなことありっこない」と言う人はその言葉通り無理になります。

「必ずできる」という人はその方向に向かって行きます。

僕の体験でこんなことがありました。

僕は二〇〇一年三月にたこ焼き屋を始めました。最初はロケットスタートだったものの、何せ人口に比例するこの商売。段々と売り上げは落ちて行き、スタッフに給料を払うため、行商に出ることになってしまいました。

経営的には、はっきり言ってまったく先の見えない中、催事に行った時に泊まった宿で、僕はこんなメモを書きました。

タイトルは、「二〇〇一年五月一二日現在僕の夢」

内容はこうでした。

「晴れている。今日は僕たちの晴れの日だ。たくさんの人たちがお祝いを抱えて集まってきてくれる。顔ぶれはお世話になった人、仲間友人、支えてくれた家族、メーカーさん。どの顔ぶれもうれしそうにしてくれている。

やっと歩き始めた僕の子供が会場をちょろちょろ歩いている。どうもよそ行きの服がきゅうくつみたいだ。

やがて日が暮れて祝宴の準備が整う。僕はステージに上がり、共にがんばってくれた仲間を呼ぶ。みんな晴れ晴れとした顔をしている。僕はみなさんの前で一人一人紹介する。大自慢になるけど今日は許してもらおう。

オープン当初からお世話になったメーカーの社長の発声で、祝宴が始まる。みんながヒーローになった。

さあ、今日は朝まで飲むぞ!!」

日記そのままの文章です。道に迷った当時の僕が、なんとなく勝手に書いたものだったのですが、これにはびっくりの落ちがつきます。

「陽なた家」を作って一時たったころ、なんとなく部屋をかたづけていたら、たこ焼き屋時代の資料の中からこのメモが出てきました。

「へー、なつかしいな」と思いながら見ていると、日付を見てびっくりしました。

これを書いた日は二〇〇一年五月一二日。

そしてなんと……。

陽なた家の公開レセプションをしたのが、偶然にも、メモを書いてからまる二年後の

二〇〇三年五月一二日だったのです。

スタッフの姿、息子の走り回る姿、そして乾杯の発声。僕はそんなメモを書いたことすら忘れていたのですが、このメモに書き留めたことが、ほとんどと言っていいほどその通りに実現されていたのでした。

正直、鳥肌が立ち、それと同時に意味のわからない感動が襲ってきました。

「ひょっとしたら俺は予言者なんじゃないだろうか?」

そう思ったくらいです。

でも、今ははっきりとわかります。僕は予言者なんかではありません。これはだれでもできることなのです。

自分の目標をイメージして、色がつくくらいにはっきりと見ることができ、そして信じ込むことができれば、たとえ忘れていても確実にその方向に向かっていくようになっていきます。

感動的な人生を送るためには、ストーリーを作るのも一つの方法だと思います。

本当は自分だけでなく、自分以外の誰かも共に喜ぶストーリーを作るのがベストです。しかし、もしそれがよくわからなかったら、「こうなったらうれしい」とあなたが素直に思う気持ちを具体的に物語にしていくことをお勧めします。

このストーリーを先に書いたことであなたの頭の中にイメージができ、そして不思議とそのストーリーにそって現実が作られていくのです。

ぜひあなたも自分の人生の物語を作ってみてください。あくまで自分の理想に忠実にです。

本音でいいのです。誰に見せる訳ではなく、「あなたがあなたのために書く物語」です。

「これ都合が良すぎじゃないか？」

自分でそう思うくらいでちょうどいいのです。遠慮なく書いてみてください。

■人が応援する夢、一人で叶える夢

夢を叶えるには情熱が必要だ。

これはよく言われます。確かにその通りだと思います。でもほかにも大切なことがあるのではないでしょうか。

僕の考え方では、夢を叶えるために一番必要なものは、

「その人自身が持っている魅力」

なのではないかと思います。

やはり、夢を叶えようとしているのが誰なのかということで、集まってくる人の数が変わります。本人の情熱はもちろん大切ですが、それと同じくらい大切なのは、周りの人の応援だと思います。

人は一人で夢を叶えることはできません。たくさんの人が周りに集まり、そして力を貸してくれるからこそ夢が実現するのです。では、どんな夢なら人が応援したくなるのでしょうか。

実は夢にも「フォーミー」と「フォーユー」があります。

一つ目は、「フォーミー」の夢。それが叶った時、うれしいのは自分だけという夢です。たとえば僕が「ベンツを買って、ロレックスの時計を持って、アルマーニのスーツを着て、ハワイで豪遊するのが夢なんです」と言ったとします。

「そりゃいい夢だから一口乗らせてくれ。お前の夢に一〇〇万円出すよ♪」

……なんてことは、たぶんありえないと思います。どんな良い人でも「がんばってね」とか、「車屋さん紹介するよ」くらいしか言えません。

このように「フォーミー」にカテゴライズされる夢は、本人の親でもない限り応援してくれる人は少ないでしょう。

これに対して叶った時に自分だけでなく、自分以外の人も幸せにしてしまう夢がありま す。つまり「フォーユー」の夢。


「今の会社をもっと良くするために自分の仕事の腕を磨こう」

「オリンピック選手が育つようなスケートリンクを造ろう」

「町の人が元気になるようなお店を作ろう」

「親孝行するために立派な社会人になろう」

その夢が叶うことで、周囲の人たちも幸せになるような「フォーユー」の夢には、なぜか協力してくれる人が集まってきます。

たとえば、仕事の独立でも応援を受けることができるのかできないのかも、その独立の理由が鍵になります。

「社長になることが夢だから独立する」

という理由だったら、よっぽど余裕のある人以外は力を貸してくれないでしょう。

しかし独立する理由が、

「心の底から人を幸せにしたいから」

だとしたら、人は力を貸してくれます。周りの人はあなたの夢が、フォーミーなのかフォーユーなのかを本能的に察知するのです。その夢が、本当にたくさんの人を幸せにするものだったら、なぜか人は力を貸したくなります。その夢は、関わった人も幸せにしま

すし、人は共有したい生き物だからです。そして、その熱さを共有できるとしたら必ず人は動き始めます。

あなたが他人を思う心に人は感動するのです。これを公式化します。

夢＋フォーミー＝野心（一人で叶える夢）
夢＋フォーユー＝志（人が感動して協力したくなる夢）

人はその人の夢を聞く時に、その人が「どこに行こうとしているのか」よりも、「なぜそのことをやるのか」をよく見ています。

あなたが志を持つと、次のようなことが起こり始めます。
まず、その道を極めた人が力を貸してくれるようになります。同じ志を持った人があなたの周りに集まってきます。

そしてその数が増えれば増えるほどチャンスに恵まれ、あなたの志は加速していくのです。

■生まれ育ったアーケードを活性化させるという志が生み出したもの

僕の育った大分県の中津市の商店街は、僕らが幼い頃、通れないくらい人が集まり賑やかでしたが、今はご多分に漏れず「シャッター街」と化しています。陽なた家の本店は郊外なので、その町からはちょっと離れたところにあります。

「陽なた家」を作って三年、弟の幸士（現飲食事業部長）が突然こう言い始めました。

「生まれ育ったあのアーケードのシャッターが寂《さび》れていくのが悲しい。あそこに人の心が明るくなる店を作りたい」

そう言い出してから三カ月後、僕たちが望む坪数の物件が見つかりました。しかし、その物件には一つ問題がありました。それは大家さんがその場所で生まれ育った方で、そこ

にすごく愛着があるので、何人もの人が賃貸願いを断られている物件だったのです。でも幸士はあきらめませんでした。

どうしてもそこに店を出したがっていたので、僕と幸士は大家さんに直談判しに行くことになりました。

初めは無理かなという反応でした。「いくら積まれてもあそこは貸さない」と言われました。しかし、

「僕、生まれ育ったあの町を元気にしたいんです。絶対に町の灯りになるお店にします」

幸士のその一言で大家さんの顔色が変わり、あり得ないような好条件で貸していただけることになりました。

元々地元ではやんちゃ坊主で有名ではありましたが、その分男気のある彼だけに、絶対に大家さんの思いに報いるんだと、ひたすらがんばりました。

そこで決まった出店テーマが「僕たちの地域活性化」。

来てくれた人がグチではなく、夢を語って元気になれる、そんな店にするという思いで、店のコンセプトは「二一世紀の赤提灯」になりました。店の前には小さな男の子と女の子が遠くの空を見ながら寄り添って座っている写真に、幸士の思いを書いた詩をのせた看板を張りました。

幼い頃　町は活気に満ちあふれ　そこで育った僕たちは何でもできる気がしてた
僕はちょこっと背伸びして　いつも君に語ってた
「大きくなったら絶対あのTシャツが似合う大人になるんだ」
誰にでもあきらめきれない夢がある
みんなの夢　天までとどけ

この思いから、店の名前は「夢天までとどけ」になりました。

■生んでくれてありがとう

幸士がどうしても店を出すことにこだわったのはもう一つ理由がありました。物件が見つかるちょっと前、僕と弟を一番かわいがってくれた祖母が亡くなりました。

通夜の日、夜とぎの時、僕と幸士は棺桶にあごをくっつけて、死んだ祖母の顔を見ながらぼーっとしていました。すると、幸士がぼそっとこう言いました。

「兄ちゃん、ばあちゃんが最後に『はい、ありがとう』って言った」

僕は、彼が何を言っているのかがよくわかりませんでした。

「俺、感謝でいっぱいの店を作りたい。絶対がんばるから俺にやらせてもらえないかな？」

本人の了解を得て書かせていただきますが、とにかく幸士はやんちゃ坊主で機嫌が悪

かったら周りに当たり散らしてどこかにいなくなるような男でした。

なので、正直その時は全くと言っていいほど任せる気はありませんでした。しかし、彼の努力は本物でした。オープン前日、僕たちは日頃の感謝の気持ちを込めて、スタッフたちの両親を招待して、最後に一人ずつ感謝の気持ちを言おうと決まりました。

その会の名前は

「生んでくれてありがとう祭り」

リハーサルでみんな恥ずかしそうに手紙を読む練習をしていたのですが、実際両親を目の前に感謝の言葉を言い始めると、全員号泣でした。

最後の方になり、幸士の順番になりました。彼が一番泣いていました。その日の幸士から両親への感謝のメッセージを紹介します。

正直、俺はちょっと前まで、親に対して生んでくれてありがとう、育ててくれてありがとう、そんなこと思ったことがありませんでした。

当然、感謝の言葉なんて言ったことがありませんでした。

でも俺自身がちあきと結婚して、子供が生まれて自分に守るものができた時、初めて親のありがたみっていうのを知りました。

このありがとうっていう言葉を俺に最後に植え付けてくれたのが、この間死んだばあちゃんです。

ばあちゃんが死ぬ前の日、俺と娘のはるなが病室に行った時、はるなが「ばあちゃんまた来るね」って言ったら、ばあちゃんが意識もうろうとしながら、

「はい、ありがとう」

そう言ってくれました。それが、ばあちゃんの最後の言葉でした。

この店ができて、俺が店長として仕事をさせてもらえることになって、本当にばあちゃんが残してくれた「ありがとう」っていうのをたくさんの人に伝えさせてもらいます。

こうやって今があるのも、こうやって働けるのも、そしてこの地に立ってるのも、父さん、母さんが育ててくれたおかげです。二人なくして今の俺はありません。

この姿を、本当に本当に天国にいるばあちゃんに見せたかったです。

気づいた時にはもういなかった。でもばあちゃんが最後に残してくれた言葉を伝えていけるような男になるために、俺がんばります。

父さん、母さん。俺を生んでここまで育ててくれてありがとう。命をつないでくれ

てありがとう。俺は父さんのこと、男として尊敬してます。

これからもよろしくお願いします。

俺を生んでくれてほんとうにありがとうございました。

二〇〇七年六月二六日　　永松幸士

この日を境に問題児だったかつての幸士は消え、まったく違う人間になりました。そこにいた人間がみんな、自分が何のために、そして誰のために仕事をして行くのかという軸が座りました。そしてこの宣言をした日から、入れ替わりの激しかった社員は誰一人として辞めなくなりました。今も全員元気に働いています。

「あんなところで商売をするなんてお前はアホか？」

先輩経営者からこんな意見もありましたが、「この町を元気にする」という思いで商売をしたら、実際には予想をはるかに上回るお客様が来てくれて、店の売り上げは驚異的に伸び、アーケードの一番端っこの不便な場所にありますが、全国でもトップレベルの利益率を誇る店になりました。

先ほど、「自分だけの夢は一人でやるしかないが、みんなで見る夢には協力者が集まる」と書かせてもらいました。これは自分の欲しい物をあきらめた方がいい、ということを言っているのではありません。

自分が欲しいものや幸せというのは、あくまで人を幸せにした結果手に入れることができるのだ、ということです。

この順番を間違えるといつまでたっても上手く行きません。あくまで「人ありき」なのです。

協力者の数が多ければ多いほど、情報が集まり、お金が集まり、力が集まってくるから、叶う速度は加速していきます。

そして、自分自身が上手くいった時、初めて欲しいものが手に入るようになるのです。

あなたの夢の向こう側には誰の笑顔が見えますか？

第6章

Chapter 6

感動を生み出す自分の作り方

■まずは自分が幸せでいる

あなたが感動を生み出す人、つまり「フォーユー」な人になるために、とっても必要なことがあります。それはまず

あなた自身が幸せでいる、ということです。

そして幸せで、きちっと自立できて初めて人のことを考えることができるようになるのです。

誰かの役に立ちたかったり誰かを助けたくても、自分自身が不安定だと助けることができないどころか、自分まで共倒れになってしまいます。

いやなことを言われてどうしても気分が上がらない日があったり、悩んだりすることもあると思います。

そんな時、思わず人に当たったりしてしまうことがありませんか？

そしてそんな優しい人を傷つけた自分にさらに落ち込む。結局誰も幸せになれないことがわかっていながらついついやってしまいますよね。

これは笑える話ではなくて誰でもそうなのです。誰の心の中にもあるのです。自分がどうしてもハッピーを感じることができない時に、目の前に幸せそうな人を見つけると、

「あいつ調子に乗ってると、いつか不幸なことが起きるんだよ」

と、ついつい心のせまいことを考えてしまいます。

これを引き下げの心理と言います。

これとは逆に愛する人と楽しい時間を過ごしてとても幸せだった帰り道なんかは、目に映る何もかもがキラキラ輝いて、道行く人に

「みんな、幸せでいてね」

と人のハッピーまで考えたりする自分がいる。

つまり人を幸せにするには、幸せで安定しているあなたでいることが、まず何より大切なのです。

この章ではどうすればあなた自身が幸せになれるのかを考えていきましょう。

■いい言葉を使う

「ポジティブな言葉を口にすれば人生がプラスに、ネガティブな言葉を口にすれば人生もマイナスに向かう」

ご存知の方も多いかと思いますが、今や王道となった理論です。この法則は僕も身をもって体験し、今でも心がけていることです。

人は誰も口に出さずとも、脳の中でたえず言葉を作り出しています。普通の人が一日に頭で考える言葉はなんと六万五〇〇〇語にも上ると言われています。そして、人は言葉を使ってコミュニケーションを取る生き物です。

「君ならできるよ」
「おかげさまで上手く行ったんだよ。本当にありがたいな」
「僕は運がいいから大丈夫」

「おまえは本当によくがんばってるな」

こういう、他人も自分も元気にする前向きな話をプラストークと言います。これに対して、

「あのさ、あの人ってここが気に食わないよね」
「またあいつ、あんなこと言ってるよ。バカみてー」
「上司のこんなとこがむかつくんだよ。やってらんねーよ」

ここだけは特に力を入れてお伝えしたい大切なことがあります。それは

「そこにいない人の悪口は絶対に言わない」

ということ。どんな人でも悪口は言われるとつらいものですし、その環境の中にいると、萎縮してしまい能力が出せなくなってしまいます。

無視すればいいとは思っていても心の中に何か刺さったものが抜けきれなくなってしまいます。

こういった不平・不満・愚痴・悪口・泣き言・文句・心配事の類いの話をマイナストークと言います。

僕は斎藤一人さんを始め、たくさんの成功者や、名はなくとも幸せに生きている人たちをたくさん見てきましたが、そういう人たちの共通点は、話す内容の比重が圧倒的にプラストークであることです。

そして、この方法を店や自分の人生に取り入れてみると、嘘みたいに人生が大きく変わりました。

僕たちが大切にしている「陽なた家」の家訓である「陽なた家八訓」にも、「陰口を言うな、愚痴を言うな」という項目があります。とにかく仲間の悪口は絶対禁止。

極端かもしれませんが、絶対です。しかし今思えば、これが一番、チームの活性化につながったのだと思います。

人は自分がやったことについて陰で悪く言われたりしたら、恐怖のモチベーションに支配され、萎縮して動けなくなります。

あなたやあなたの周りにいる人が絶対に悪口を言わない環境ができた時、それだけで必ずのびのびと生きていくことができるようになり、たくさんの感動が生まれることになります。

■発する言葉だけでなく、聞く言葉にも気をつける

自分が発する言葉を気をつけたとしても、もう一つ大切にしなければいけないことがあります。それは自分が聞く言葉、つまり外部から自分の耳に入れる言葉です。

最近暗いニュースが増えています。人間は自分が発する言葉だけでなく、聞く言葉に

よっても影響を受けるのです。今、世の中で何が起きているのかくらいは知ることも必要ではありますが、あまりにも暗いことばかり聞いていると、いつの間にか自分までエネルギーが下がってしまいます。

「人の不幸は蜜の味」という言葉があるように、人の失敗を喜ぶ人がいることは確かです。でもそれは自分の心に何かしらの闇があるからなのです。人の闇をのぞくことによって自分の穴を埋めるというそんな心理も人間にはあります。そして自分のことは棚に上げて人のことを批判するのです。

そしてそういう話が大好きな人たちと集まって愚痴や悪口を言う。これは健全なことではありません。しかし、その仲間はいつか必ず自分のことを言い始めます。しかも自分のいない所でです。

あなたが一歩成長の道を進み始めると、仲間外れにされることもあるかもしれません。でも大丈夫。あなたが成長して心のレベルを上げていくと、必ずあなたの周りに同じ考えの人が集まってくるようになります。

同じ仲間でずっといるというのも大切なことだと思います。しかし、もしあなたが勇気を出して成長の道を進もうとした時、何かの障害が出て来るかもしれません。「お前変わったな」とか「前のお前の方がよかった」と言われることがあるかもしれません。足を引っぱられることもあるかもしれません。

しかしあなたはあなたの道を進んでください。大丈夫、あなたは一人じゃない。新しい世界であなたを待っている人が必ずいますから。

■自分を成長させてくれるものにチャンネルを合わせる

「相手を変えることはできない。変えられるのは自分の心だけ」

この言葉、聞いたことありませんか？　人間は関係の生きもの。それぞれの環境の中でいろんなことが起こりますよね。心ない人と出会わなければ、そんなに幸せなことはない

んですが、そんなにうまくいくものじゃないですよね。しかし、もうちょっとだけ深く考えてみましょう。「相手が嫌だ」と思うのは自分の心の中の捉え方ですよね。

ということは捉え方の習慣、つまりものの見方が変わってしまえば自分の中で相手を変えることができるんです。

しかし、どうせならいやな人に会わなくてすむ方法があればもっと合理的ですよね。そんなに世の中は甘くないと思いますか？

僕なりの結論を言います。

世の中は実はそんなに厳しくはありません。

起こる現象、出会う人まで変えてしまうとてつもない魔法の力、それが言葉なんです。

この世には膨大な数のエネルギーがあります。そして同じエネルギーは集まるようになっています。ハッピーな人にはハッピーな人や情報が集まり、ついてない人にはついて

ない人や情報が集まります。

これはテレビの仕組みで考えていただけるとわかります。テレビには、アンテナとチャンネル、そして画面が必要です。アンテナを立てチャンネルを合わせることにより、画面から情報が発信されます。

言葉には、それぞれのエネルギーの周波数があります。たとえば、ありがとうは三九チャンネル、ハッピーは八四チャンネル、ついてないが九五チャンネルだったとします。ハッピーになりたければ八四チャンネルを合わせますよね。そのままじっとしていれば永遠にハッピーチャンネルが流れます。

チャンネルを変えると流れる映像は当然変わります。

つまり、うまくいっている人はプラスのチャンネルを変えず、うまくいってない人はすぐにチャンネルを変え、マイナスチャンネルに自分を合わせているだけなんです。

心がアンテナ。そして言葉がチャンネル。そして画面が人生です。

■偶然を大切にする

突然言葉を変えたりすると、必ずと言っていいほど誰にも同じ四つのステップアップが来るようになっています。


一つ目、「マイナスの言葉が耳についていやな気分になる」

二つ目、「なんか変なものにはまっちゃったんじゃないの？　と言われる」

三つ目、「出会う人、付き合う人が変わってくる」

四つ目、「ぞろ目（一一時一一分、二時二二分）の数字をよく目にするようになったり、必要な人、情報が集まってくるようになる」


大きく分けてこの四つです。一つ目、二つ目が起こっている人は順調に成長している証拠なんです。

こんな経験ありませんか？　例えば何かを考えながら車を走らせている時に、ふと本屋が目に入ったので寄ってみます。なーんとなく並んでいる本を眺めていたら、ふと手に取った本の開いたページにさっき考えていたことの解決策が書いてあったり、つけたテレビで答えを教えてくれたり…。

いつもいい言葉を使いながら生きていくと、この「偶然力」が強くなってくるんです。偶然がたくさん起きてきた時、この時はいろいろなチャレンジをする機が熟してきている証拠だと思います。

■ともに向上できる仲間を作る

「成長しよう」「今よりさらに自分を磨こう」、誰でもそう思うことはあります。そして様々な勉強や一歩を踏み出そうとする時に、必ず出てくる敵がいます。

まずはその敵をやっつけなければいくら勉強をしても、どんな本を読んでも上手くいき

ません。

その敵とは誰の心の中にもある、「でも」「だって」「どうせ」「だめ」。頭文字Dの壁です。

感動を生み出すと言うと、「すごいな、おれにはできないや」と言う人がいます。しかし笑顔でいることや、人の喜ぶことをするというのはそんなに難しいことでしょうか？

本当は「できるはずなのにやっていない」もしくは「自分にはできない」と思い込んでいるだけなのではないでしょうか？

本当は人に優しくして、人からも優しくされて生きていきたい。内心ではこう思いながら、「自分にはできっこない」と決めつけてしまっている人もいます。

「オレの柄じゃないから」

「これまでさんざんひどいことをしてきて、今さらいいことやろうたって、周りが認めてくれっこないから」

「結局、私は自分勝手だから無理」

これを「ダメの壁」もしくは「無理の壁」と言います。学説的に言うとメンタルブロックと呼ばれています。

人間は小さな頃から言葉を聞きながら思考回路を作っていきます。つまり、周りの大人の言葉を頼りに考え方を作っていくのです。

失敗や人の批判を受けるたび、人は心の中に「無理の壁」を作ってしまうのです。この「無理の壁」はトラウマとも呼ぶことができると思います。

では、この壁を壊すことはもう無理なのでしょうか？　いえ、この心の壁は壊す方法があります。それは……

前向きな仲間のいる環境に入ってみる

ことです。

喜んで生きている仲間を見た時に、自分も恐る恐るまねしてみると、本当は自分にもそうやって生きる力があることに気がつきます。

その瞬間、傷ついた心のメンタルブロックが外れるのです。

何が言いたいのかというと、自分にできた「心の壁」を外す一番効果的な方法は、「心の壁」を持っていない、「僕はできるんだ！」と思っている人と触れることが、何よりの特効薬になるってことなのです。

そこで、周りの人たちと「プラストーク」の習慣を作っていくと、お互いの思考回路が修正されていきます。

「大丈夫。お前はできる」

人は自分のことを認めてくれる人を求めています。本当に自分のやりたいことをやっている人たちを目の当たりにすると、人は勇気を持つようになります。

■他人と比較しない

「仕事をしていても周りの人みたいにうまくやれなくて自信がないんです」

この本を読んでくださるみなさんはそれぞれの立場、たとえば経営者だったり、学生だったり、アルバイトだったり何かをやっていると思います。人はたくさんの人の輪の中で生きていく生き物ですから、当然周りにも同じことをやってる人がいますよね。人間には誰も「人と仲良くやっていきたい」という欲求があると同時に「人より秀でていたい」というもう一つの欲求があります。

人は幼い頃から順位づけされて、人と競うことを覚えていきます。モチベーションの一つとして、競争というのは人ががんばる動機になることは確かなのですが、これも行き過ぎると劣等感、コンプレックスの原因になることもあります。

そして人の悩みの大半は人との比較で生まれるとも言います。

「何であの人みたいになれないんだろう…」
「何で自分はあの人に勝てないんだろう…」
「いいな、あの人ばっかりうまくいって…」

人と比べて自分を落とし過ぎてませんか？

僕自身、周りの店や経営者のことばっかり気になって、スタッフやお客さんに全く目が行っていない時期がありました。しかしそこばかりに集中してしまうと、自分が本来向かうべき「大切な人の笑顔」が見えなくなってしまいます。人間の脳は同時に二つのことを考えることはできませんから。

他人を見ている間は、少なくとも自分のやるべきことには集中できません。しかし、目の前のことに集中すると、一つずつやるべきことが片付いて、さらに腕も上がっていきま

す。そしてふと気がついた時に、自分が望んでいた所よりはるか上に行きつくこともあるのです。

テストで考えれば、人の順位を気にするよりも、その分ちょっとでも多くのことを覚えた方がいい。

仕事で考えれば、人より上手にやろうとするよりも、来てくれたお客さんがどうやったらもっともっと喜んでくれるのかを考えればいい。

比較の世界からもっと自由になりましょう。自分のフォーカスを、他人から自分の目標に切り替えてみると、あなたの人生がどんどん前に進み始めます。

そうすれば、ほんとに不思議なくらい悩みが減っていきます。

大切なのは人と比べることではなく、目の前の目標に集中することなのです。

■いばらない

僕たち陽なた家ファミリーは毎週一回、全体ミーティングをしています。社員はほぼ毎日なのですが、アルバイトの子たちを入れてやるのは週一回。その中で人気ナンバーワンかつ効果絶大ミーティングがあります。

その名も

「陽なた家名物、モテメン（モテる人）ミーティング!!」

男の子は「こんな女の子がいい」を語り、女の子はその逆。みんないつもに増してメモを取ります。時間が食い込み過ぎて、朝礼をさぼってしまうどころか、お客様が来るその瞬間まで延び延びになってしまうことも多々あります。「ふざけてんのか?」と怒られそうな話ですが、真剣にやっています。なぜなら店は魅力が勝負。

から。

「モテる人になる」ということは、「愛されるスタッフになる」っていうのと同じことです

その中で、陽なた家男組メンバーが、感動した気づきがありました。それはアルバイトのじゅんちゃんという女の子の一言でした。

「いい男ってどんな人？」って話になった時、普段はあんまり発言をしないじゅんちゃんが手を挙げました。

「はい、じゅんちゃん！」

「あのーー、私がこの人いいなって思う人は……」

男たちの間に一瞬にして緊張が走ります。ノートとペンを持った男たちの目が光ります。「ふだんからこんなキラキラした目をして生きたいものだ」って思うくらい光ります‼

「居酒屋に行って、店員さんに威張らない人。『ありがとう』がちゃんと言える人ってかっこいい♪」

男たちに一瞬の間があきました。シチュエーションを想像します。

「なーーーーるほど‼」

全員思わず大きな拍手。

「じゅんちゃん、すごい！」「感動した‼」「俺、ちゃんと言ってる‼」

じゅんちゃんの一言で男たちに火がつきました。いつもこんな感じですが、その後の営業は、決まって朝礼をやった時よりモチベーションが上がっているという、不思議な現象がいつも起こります。

居酒屋でいばらない。

ここに「居酒屋」がついたのは、じゅんちゃんが居酒屋で働いているってこともあったのかもしれませんが、つまり、「自分より弱い立場の人を大切にできるか」ということなんだと思います。

じゅんちゃんいわく、「いばらない」ということは意外と当たり前なのかもしれませんが、「ありがとう」をさりげなく言えるというのはすごくポイントが高いらしいのです。

「自分がされて嫌なことは人には絶対にしない。自分がされてうれしかったことは倍にして人に贈る」

本当の優しさとは、威張っていいはずの人が、本来なら威張られる立場の人に、威張らないということです。つまり「弱い立場の人」を大切にするということなんです。

あなたが世間的にすごい人になればなるほど、威張らないことでギャップが生まれ、魅

力的になるために人が集まってくるのです。

■自分を信じる

これは僕の大恩人である中津のお米屋さんのテル社長に聞いた話です。

この世の中には「思考が現実を作る」という法則があります。しかも、この思いは言葉にすると現実化に加速をつけるそうです。例えば定食屋で「カレーライス」と注文すればカレーライスが出てきます。鍋焼きうどんは出てきません。

これが天の法則らしいのです。法則というのは一万回やれば一万回同じ答えが出ることを法則と言います。

天の神様はいつも地上にいる人間の思いを聞いています。しかし、「これをやりたい！」と言った後、「でもやっぱり無理だ」というケースが多いのです。

激しい人になると、「やる」と決めた時に、「無理」と何回も頭の中で言うため、どんどんマイナスになっていき、無理が確定してしまい、結果的に天の神様は楽ができます。

しかし、神様にとって困った人がいます。それは、

「やる」と決めたら信じて疑わない人、もしくは決めた後に言ったことをすっかり忘れてしまう人。

これは「否定のブレーキ」がかかりません。そうなると法則上、その思いを叶わせなければ天のバランスが壊れてしまいます。

否定するくらいなら決めて忘れた方が、かえって否定が入らずに気がついたらそうなっていたということが多いのです。

最後まで目標を達成していく人は「できる」と思った回数が「できない」と思った回数を上回った人。そして、あきらめる人は「やっぱり無理だ」という思いが勝った人といえます。

成功者は自分を信じる力に長けているのです。そして、天の神様を忙しくする人のこと

なのです。

■一人一人が輝ける環境を作る

先ほど大人気漫画『ワンピース』のお話をさせていただきました。この作品の繁栄が教えてくれているのが今からの時代のチームの作り方です。

それは

主人公一人に重きを置いた従来のチーム作りの形ではないということです。

普通は主人公がほとんどのシーンを独占するのですが、この作品は、主人公の周りにいる人間一人一人がすごく魅力的に描かれていて、生きた人間たちの魅力が交差され、すばらしいストーリーを織りなしていっているということです。

社会においてもこのチームの変化は起きています。それまでは社長や上司、つまり権力

者の言うことは絶対だったのですが、今はいやならすぐによその組織に鞍替えします。これは若い人の忍耐力云々ではなく、個々人の意識の変化に原因があるように思えてなりません。

この変化の一つの原因は、情報インフラの整備です。インターネットが発達し、ブログやツイッター、そしてフェイスブックの発達により、それぞれ個々人がチャンネルを持つことができ、自分を表現することが可能になりました。そのため一人一人の表現欲が上がってきました。

その欲求を叶えるためには、一人一人の場所がしっかりと用意されることが必須になってきます。当然その場所がある、つまりそれぞれにスポットライトが当たる場所に人が集まってくるようになります。

そこにいる誰もが輝ける組織、これこそが新しい形の「感動を生み出す組織」なのです。

競って争う世界では、勝者は一人しかいません。しかし、得意なことを自分の道として一生懸命に出し切る。そして、それが調和することによって大きなハーモニーが作られる。

そうするとその場所にいる誰もが、自分の才能を出し切る勝者になり、笑者になり、笑顔が集まればそこが人を活かす天国になるのです。みんなが「価値組」になれます。

人は誰もが自分のやりたいこと、好きなことをやれる時、幸せを感じます。そして、その時に大好きな自分に出会うのです。

勝ち負けなんかではなく、それぞれの才能を活かし、それをみんなが応援し、活き活きと生きていくことのできる場所を作ることが、人の能力を最大限に発揮することにつながるのです。

そして今からは、そんなチームを作ることができるかどうかが成功の鍵になります。

■間にある幸せを大切にする

僕は人の幸せの比率は一〇％対二〇％対七〇％だと思っています。

比率は勝手に僕が定義づけたものです。

最初の一〇％は自分の外にあるもの。例えば「いい家」「いい車」「きれいな洋服」「ブランドバッグ」などの、簡単に言うとお金で買えるもの。地位や名誉もその人を飾るものだと考えれば、ここに入るかもしれません。

そして次の二〇％は自分の中にあるもの。つまり心の中にある幸せ、つまりその人の感じ方、感性のことです。自分の周りを見渡してみれば、僕たちは生きていくのに不自由しない環境の中にいます。

それでも「〇〇が足りない……」「〇〇があれば…」といつも足りないものを数えて、

ため息をついてしまいます。モノにあふれて今ある幸せに気づけなくなっています。これはまるで海に住んでいる魚が、水の存在に気づかないのと同じことなのかもしれません。

それに警鐘を鳴らした先人たちが「幸せは自分の心の中にある」といろんな角度で伝えてくれています。なくしてしまう前に「気がついてほしい」と伝えてくれているのです。では残りの七〇％は？　外にも中にもないならどこにあるのでしょうか？

僕なりに行きついた考えですが、人間の一番大きな幸せは、人と人との間にあるのではないでしょうか。

つまり自分と目の前の大切な人、その間に本当の幸せがあると僕は思います。

テレビでこんなシーンを見たことはありませんか？

例えば〇〇サスペンス劇場なんかで、大会社のおじいちゃん社長が、犯人として捕まっ

て最後の自白をする時に、海を見ながら「わしは何もない所から、がんばってきた。金を手に入れ、ほしいものは何でも手に入ると思った。なのにわしは心の底で、一度も幸せと思ったことがなかった。わしの人生はなんだったんじゃろう……」って感じのもの（あくまでたとえ話です）。

これはただひたすら一〇%の、お金で買える幸せ、地位や名誉だけにすがったケースなのです。それじゃ心を磨こうって、山にこもって一人で悟りを得たとします。最後までそれを一人だけでかみしめて、本当にその人は幸せなのでしょうか？

好きな人といる時間、仲間と過ごす空間、家族と笑いあえるその瞬間に幸せが生まれます。

しかし人はまず一〇%の外側のものを手に入れ↓二〇%の心を磨き↓そこから人のことを考えようとします。しかしなかなかうまくいかないから苦しむ。

これに対して「とにかく目の前の人を喜ばせてみよう」とすると、本当のハッピー、七〇％の「間にある幸せ」を作っていきながら、心を磨いた人間が、最後に一〇％の「外側の幸せ」を手に入れることができるようになるのです。つまり一〇％の方ではなく、七〇％の方から入っていくサイクルがあなたを幸せに導くのです。

人と人との間にあるハッピーコミュニケーションこそ、本来の幸せなのではないでしょうか？

ですから「人間」という言葉があるのかもしれませんね。

あなたにハッピーな「間」が訪れますように。

■優しさを我慢しない

例えばいじめられて職場の隅っこでポツンとしてる子がいたとします。

声をかけたい。でもそんなことをやっちゃうと自分まで巻き添えになる可能性がある。怖い。結局声をかけることができなかった……。

「俺って何でこんなに弱いんだ」と一人ですごくへこむ。

この通りではなくても、似たような経験をしたことはありませんか。

講演でもこの話はよくさせてもらうのですが、涙を流す人が多いのには驚きます。それだけ情けない思いをしたことのある人が多いんだと思います。

人は欲しいものが手に入らない時に傷つきますが、いいとわかっていてできなかったり、自分の中にある優しさを解放できない時もすごく傷つきます。

何もできなかったとしてもあなたのその気持ちはすごく尊いし、大切にしてください。あなたは優しいからそう思うのです。あなたの中の優しさが反応するからこそ、へこむのです。そしてそんな人に限って傷つきます。

「良かれと思ってやったことがかえってその人を傷つけちゃった」

そんなこともあるかもしれません。募金をして「かっこつけやがって」って言われることもあるかもしれません。どう思われたっていいじゃないですか。あなたの心にやましさがなければ。いや、たとえあったとしても何もしないよりはずっとましだと思います。

一番大切なのは
「その人が何をしたか」

よりも、

「その人がどんな思いでしようとしたか」

なのです。

■勇気を持つ

あなたが誰かの役に立とうとする時、いろんな障害が出てくるかもしれません。そういうものに屈しないために、これ以上あなたが自分の中にある優しさを我慢しないために、もう一つ大切なことがあります。

それは強さです。

人は優しいだけでは何もできません。愛を通すには、その裏に強さというものが必ず

セットになっていないといけないのです。強さ、それは勇気とも言いかえることができるのかもしれません。

人を受け入れる強さ。
言うべきことは言える強さ。
大切な人が間違った方向に行ってる時にちゃんと止めることのできる強さ。
自立する強さ。
お金をしっかり稼ぐという強さ。
人を信じる強さ。
そして大切な人を守っていける強さ。

優しさと強さを兼ね備えたとき、あなたの人生はさらに輝きを増すのです。

最終章　誰かのために生きるということ

■もともと日本は「フォーユー」の国

今までたくさんのフォーユーが起こした感動にまつわる話をさせていただきました。講演会やセミナーでもこの話を中心にお伝えさせていただいているのですが、その度に「新しい考え方だね」とよく言われます。

しかし、これは新しいものでもなんでもなく、実は日本人が一番大切にしてきた考え方であり、誰のDNAにも備わっているものなのです。

昔、というより高度経済成長が始まるくらい前と言ったらいいでしょうか。それくらい前までの日本の文化は「うちの庭でおいしい柿ができたから近所に配ろう」という、お裾《すそ》分《わ》けの文化がありました。

僕の幼いころまではぼんやりではありますが、この習慣が残っていたような気がしま

す。道行く人や困っている人がいたら、手を貸すのは当たり前のこととされてきました。ところがいつからでしょうか。知らない人がどんな状況になっても我関せずの風潮が漂ってきたような気がします。

本を読んでいろんなことを調べてみると、お母さんと子供の会話も変わってきているのがわかります。

子供はおとなしく勉強するよりも、遊んでいる方が楽しいのは今も昔も変わりません。

「お母さん、なんで僕は勉強しなきゃいけないの？」

この質問はこれからもずっと変わらないと思います。

違うのはこれに対するお母さんの答えです。一昔前の代表的なお母さんの答えはこうでした。

「立派な人になって世の中の役に立つ人間になるため。だから、あなたは勉強するんだよ」

今はこんな言葉が主流になっているのではないでしょうか。

「あなたが勉強していい大学に行くと、いい会社に就職できて、いいところの人と結婚できて幸せになるの。だから自分のために勉強するんだよ」

最初の方で述べましたが、人は大切な誰かを幸せにすると思った時、その力が最大限に発揮されるようにできています。

この理屈から言うと、どんどん力を封じ込める方向の考え方になってしまいます。

そして大人になった時、常に自分のことしか考えることのできない人が量産されてしまいます。

昨年、福山雅治さんが主人公を演じ、話題となった大河ドラマのことは皆さん覚えていると思います。そう『龍馬伝』です。

ただでさえ歴史的な英雄の坂本龍馬を、大人気俳優の福山さんが演じるという、すばらしいコラボレーションが大きな魅力を生み出し、維新志士たちの生き方をさらにたくさん

の人が知るところとなりました。

僕も小学生のころ父の友人が本をくれて、夢中になった初めての歴史漫画が龍馬でした。二〇代、三〇代の若者たちが明日の日本を思い、たくさんの維新志士たちが数多くの血を流し、そして歴史上に残る奇跡の大改革を起こしました。幕末の歴史が好きな方はたくさんいます。

その人たちも僕の大きな気づきをくれましたが、今回はもう一つ、僕の心をずっと支えてくれた、あまり語られることのない英雄の話をしたいと思います。

■自分を見失いそうになった時の光

僕は、商店街で代々商売を営む家系に生まれました。曾祖父、つまりぼくのひいじいちゃんはリヤカーから商売を始め、一代で九州で名だたる下駄の卸問屋を叩き上げた大商人でした。

しかし、時代の流れには逆らえず、僕の母が生まれる頃には下駄屋は縮小され、後を継

いだ僕のじいちゃんは、小さな下駄屋と、残りのスペースを人に貸してテナント業を営んでいました。

そしてその片隅で、僕の両親は小さな雑貨屋を始めました。

親も商売でいっぱいいっぱいだったので、僕と弟はある意味じいちゃんとばあちゃんの下駄屋の中で育てられました。

もともとうちのじいちゃんは陸軍士官学校という、将校さんを育てる学校の卒業生で、先の太平洋戦争で数多くの友人をなくしたそうです。そのじいちゃんが僕と弟にいつも言っていたことがありました。

時がたち、じいちゃんは僕が商売を始める二年前に他界しました。仲間を引き連れて念願のたこ焼き屋を始めたはいいものの、まったく上手くいきません。

日に日に仲間が疲弊していくのがわかり、自分自身は一体何のために商売を始めたのかが全くわからなくなったことがありました。

そんな中、行商に行った時に泊まった鹿児島の宿で、ある映画が流れていました。それは高倉健さんが主人公を演じた『ホタル』の再放送でした。ぼんやりその映画を見ながら、いろんなことを考えていたら、ふと、じいちゃんの言った一言を思い出しました。

「シゲ、道に迷ったら知覧《ちらん》に行け。必ず何かが見えてくる」

行商の中日に、たまたま休みができた僕は道を調べて一人で知覧に行きました。そこには今から六五年前、太平洋戦争の末期、負けそうになった日本を守るべく沖縄に向けて飛び立った数多くの少年兵たちの遺書が展示されていました。

実は知覧はその時が初めてではなく、高校で謹慎になった僕を心配して、恩師が連れて行ってくれたことがありました。

その時は正直、遺書よりも、丸坊主にされてなくなってしまった自分の髪の毛の方が気になって、何にも記憶に残っていませんでした。

しかし、自分が守るべき家族やスタッフを抱え、先が見えない行商生活の中で、もがい

ていたその時の僕の目に映った遺書は全くその時とは違ったものでした。

特に印象に残ったのは、その中の数多くの遺書がお母さんに向けたものだったことです。それを一日読んでいて、最初は涙が止まりませんでした。

しかし、その日はじいちゃんの言った「何かが見える」まではいきませんでした。

「あの人たちはどんな思いだったのだろう？」
「あの人たちは何を残したかったんだろう？」
「命が終わるその瞬間に見た空の向こうに、どんな未来を夢見たのだろう？」

そこから心が迷った時は、一人で車を飛ばして知覧に足を運びました。しかし、答えは見つからないままでした……。

■過去からの伝言

それから数年後、「陽なた家」を始めて、店もやっと軌道に乗ってきた頃、うちの女の子のスタッフが僕にこう言ってきました。

「シゲにい、私今度の社員旅行、みんなで知覧に行きたいです」

その子は休みの日、ある番組に出演した、元特攻隊員だった濱園さんというおじいちゃんが最後に言った言葉が頭から離れなくなり、いつも僕がこそっと行っては元気になって帰ってくる、その知覧という場所に行ってみたくなったということでした。

「そのおじいちゃん、テレビで最後に何て言ったの？」

「えっと、確か『あの頃の若者の一〇〇分の一でも一〇〇〇分の一でもいい。大切な人を思って生きてほしい』だったと思います」

その言葉で、自分がずっと探していた答えがぼんやりと見えてきました。

しかも、この話にはさらに偶然が重なります。僕らが社員旅行に行くことを実家で話した時、母の知り合いのお兄さんが書いたというある本をくれました。

それは『日本への遺書』（日新報道）という本でした。

「意外と身近なところにいるもんだな」

そう思い、特には気にせずに社員旅行にその本を持っていきました。

僕はいつも行き慣れた場所でしたし、スタッフたちに泣き顔を見られたくないため知覧の平和会館の入り口にある桜並木の下でぼーっと時間を過ごしていました。その時、時間つぶしに母がくれたその本を読んで待っていました。

その本の中にあった、ある青年の遺書が僕に答えをくれました。

今は亡き、その本の著者の妹さんに会いに行き、許可をいただいたので、その遺書を紹介します。

謹啓、初春の候と相成り、その後御両親様にはお変りなくお暮しのことと思います。

お父さん、お母さん、喜んで下さい。祖国日本興亡のとき、茂も待望の大命を拝しました。

心身ともに健康で、任務につく日を楽しみに、日本男児と、大橋家に父と母の子供と生まれた喜びを胸に抱いて、

後に続く生き残った青年が、戦争のない平和で、豊かな、世界から尊敬される、立派な文化国家を再建してくれる事を信じて、茂は、たくましく死んで行きます。

男に生まれた以上は、立派な死に場所を得て大空の御盾となり、好きな飛行機を、我が墓標と散る覚悟であります。親より先に死んで、親孝行出来ない事をお許し下さい。

お父さん、お母さん、長生きして下さい。
お世話になった皆様方に、宜敷お伝え下さい。
この便りが最後になります。

昭和二十年三月二十四日 遠き台湾の特攻基地より

父上様 母上様

身はたとえ南の空で果つるとも とどめおかまし神鷲の道

大命を拝して 十八歳 茂

残りわずかな命の中で自分自身が何のために命を使うのか？　ということを考えたときに行き着いた答えが、

愛する人を、そして未来を守ること

だったのだと思います。

僕はこの遺書から、命がけの「フォーユー」の姿を感じました。「後に続く日本の若者たちが」と書いたこの文章を読んだ時、僕の元に一つの「たすき」が来たような気がしました。

無視することだってできる。その意味を立ち止まってずっと考えることだってできる。しかし、「たすき」を受け取った人間のすることは、さっさと一歩を踏み出すこと。

今の僕にできること、それは自分自身がその先輩たちに恥じないような生き方をするこ

と。後に続く青年たちにその背中を見せていくこと、そしてその意志を後世に残していくことだと気がつきました。
維新志士、そして特攻隊の少年兵たちは、最後の最後まで自分たちの愛する人を守り、そしてその未来を案じた日本人の優しさの象徴だったのだと思いました。

その桜の木の下で僕の頭の中で思い浮かんだ言葉、それが「誰かのために」、つまり本書で何度も書いた「フォーユー」という言葉だったのです。

■「今」という時間の意味

もう一つ気がついたこと。それは、

「何気なく生きている僕に与えられた『今』という時間は、生きたくても生きることができなかった人たちが心から望んだ時間なのだ」

ということでした。

あらかじめここでお伝えしたいのは、過去の歴史の事実や、右や左と言われるイデオロギーの話ではありません。

僕なりに、過去にそういった人たちのたくさんの土台があって今の自分たちが生かされているのだということを伝えたいのです。

人は常に未来を夢見ます。

「自分はどこへ向かうのか?」

を考えること、それはとてもいいことです。しかしそれと同じくらい大切なのは、

「自分はどこから来たのか」

ということだと思います。

その気づきから二日後、僕は鹿児島の講演会を通して、かつて知覧から飛び立つ少年兵に「お母さん」として慕われた、故鳥濱トメさんのお孫さんで、トメさんの意志を継いで語り部をしている鳥濱明久さんという方と出会いました。

今では兄貴のように僕をかわいがってくれるようになったのですが、その明久さんが、トメおばあちゃんがいつも話していたことを教えてくれました。

「戦争は二度と繰り返しちゃいけないんだよ。あの子たちはね、本当にどこにでもいる普通の子たちだったんだよ。泣きもする、喜びもする普通の子たちだったんだよ。だから、今生かされている人にとって一番大切なのはね、命があることに感謝して生きることなんだよ。

そして人としての『徳』を大切にすることなんだよ。一人一人が幸せに生きていくことが、土台になってくれたあの子たちへの最大の恩返しなんだよ」

そんな出会いを通して、自分に大きな気づきをくれた桜並木の下で、毎年花見が行われていることを知り、三カ月後僕たちは再び知覧を訪れることになりました。

仲間に声かけをすると、どんどん人が集まり、初年度は八〇人での大花見大会になりました。翌年は一五〇人になり、三年目の去年は約三〇〇人規模まで口コミだけで大きくなり、僕たちの年に一回の感謝のイベント、「桜祭り」へと発展していきました。

■知覧、ブルームーンの奇跡

僕自身はスピリチュアルと呼ばれることは正直よくわかりませんが、この桜祭りは、何か目に見えない偉大なものが動いてくれているような出来事が何度も起きました。

昨年の桜祭りは三月三〇日、三一日でした。僕たちが明久さんの話を聞き、平和会館を出て観音堂にお参りし、日が暮れる頃、毎年恒例の桜の下でのバーベキューが始まります。

その始まりには、桜並木の下で全員が手をつないで目を閉じ、感謝の祈りと自分が今からどう生きていくのか、どんな思いを持って目の前の仕事や、人に向き合っていくのかを一人ひとりがイメージし、献杯をする「誓いの儀」というものがあります。

その儀式を行う直前、その参加者の一人が僕に話しかけてきました。

「シゲちゃん、今日何の日か知ってる？」
「いや、なんか特別な日なの？」
「やっぱり知らないと思った。今日は一カ月に二回の満月の出る日で、その満月を『ブルームーン』て呼んで、願いが叶う日なんだって」
「そっか。残念だな。雲がかかって見えないね。ま、いっか」

そんな会話をして誓いの儀に入り、三〇〇人が手をつないだ瞬間でした。本当にその瞬間、なんと桜並木の一直線上にその満月が顔を出したのです。

みんなの大歓声がおきました。

そこにいた全員がびっくりし、その美しさに、感動して涙を流す子までいました。僕も正直、鳥肌が立ちました。

そして誓いの儀を終え、みんなで献杯をして花見、そしてにぎやかな宴が始まりました。主催の僕たちはその様子を見届け、数人でその満月を見ていました。

「すごいな。ほんとにこんなことってあるんだ。ありがとうございます」

一人の子がそう言った瞬間、その満月はまるでみんなの願いを受け止めてくれたかのように雲の間に消えていき、その日もう顔を出すことはありませんでした。

偶然だと言われるとそれまでかもしれませんが、いくら疑い深い僕でもここまでいろんなことが重なると、この世界にはまだ人間の頭で理解のできない目に見えないものはある

んじゃないかと思うようになりました。
付属のＤＶＤのラストシーンにこのときの奇跡の映像が鮮明に入っているので、ぜひ見てください。

Ｊの意志

どの国にも歴史に名を残した人だけではなく、国やふるさと、そして自分たちの子孫を思いがんばってくれた人たちがいます。

当然、日本にもそういう誇るべき人はたくさんいます。歴史をさかのぼり、幕末、明治、大正、そして昭和、戦後、今の日本を作り上げ、僕たちに命をつないでくれた人たち、がんばってくれた誇るべき日本人たちのことを、僕は勝手に「Ｊ」と呼んでいます。

あなたにもいるはずです。それはあなたのおじいちゃん、おばあちゃん、もしくはその前の人たち、あなたの未来を最後まで心配して命を終えたご先祖様、もしかしたら親戚のおじさんだったり、ある人にとってはかわいがってくれた恩師だったり、近所のおばちゃ

んだったりするかもしれません。
肉体は滅びても、意志だけは続いていきます。その意志は目に見えない「たすき」となってずっとあなたの幸せを見守り続けてくれています。

僕にとっての「J」の中には、一人の友人がいます。彼の名前は、田畑修治といいます。小学生でたこ焼き屋になると決めた僕の夢を初めて理解し、そして大きくなったら二人で店を開こうと約束し、二人でたこ焼き修業をしました。
僕がたこ焼きの本家本元の大阪ではなく、東京に上京したのは修治が言ってくれた一言からでした。

「シゲちゃん、東京にはすごい人がたくさんいるらしいから、そこでたくさんの人と出会っていろんなことを勉強してからたこ焼き屋になろう。俺、シゲちゃんが帰ってくるまで金貯めて待っとくから。その方がいいような気がする」

こんな雲をつかむような無謀な計画だけで、僕は進路を東京に決めました。

しかし、僕が上京する前の年、僕たちが愛してやまない地元の祭りの初日を終え、当時まだ幼かった僕の弟や、その友人であるさとしと一緒に祭りの片付けをした後、修治は持病の心臓病が突然悪化し、仲間の家で亡くなりました。

僕自身の「J」の中には修治がいます。

そして修治のことを思うと少々のことは乗り越えて行けるような気がしてきます。僕の中で彼は大きな力になってくれています。

僕たちは毎日、自分たちが今の姿を誰に見せたいのかをイメージしてから仕事に入ると書かせていただきました。

その中には今生きている人はもちろんですが、個人個人にとっての「J」、それはおばあちゃんでも誰でも結構です。その人が自分の姿を見て、喜んでくれているのかどうかをイメージしてみてください。

「あなたは今幸せかい？」

そう聞かれたらあなたはどう答えますか？

■次世代はあなたの「在り方」を常に見ている

今の若者は冷めているとよく言われます。しかし僕はそうは思いません。確かに表現の違いは世代によってあるにせよ、若い人が持ったエネルギーは今も昔も大して変わりはないと思います。実際に一〇代のスタッフたちと話していくと、そのエネルギーの大きさを感じます。

しかし、「大人になりたくない」と感じている若者や子供たちが増えているのは確かです。だれもが生き甲斐を持って働ける、そんな世の中を作るには、まず、

「人を思い、自分たちのやりたいことをやって輝いている、かっこいい大人たちが増えて

いく」

ことにつきるのではないかと思います。

「もうちょっと若ければ」「もう歳だから」「一人でそんなに熱くなったってなあ」

始まりはいつも一人の小さな覚悟です。そして自分の好きな仕事に打ち込んで、楽しんでいる姿を見せること、そうすれば楽しい場所が増えていき、後に続く子供たちが将来に希望を持てるようになるのではないでしょうか。

僕は小学校の頃、たこ焼き屋になると決めました。そして早く大人になりたいと思っていました。なぜなら、両親を始めとして、大人たちが楽しそうだったからです。

自分たちが一生懸命楽しんで人の役に立っていくこと。そうするあなたの背中を常に次世代は見ています。

■国を変えていくということ

最近の日本は、とても厳しい不況にさらされています。しかし、個人の貯蓄残高は相変わらず世界一だそうです。

そうしたことを考えてみると、ひょっとしたら今の不況は先を不安に思う人の心の中にあるのではないかと思います。

そしてまた、大きな変革の時が来ているとも言われ、世の中を良くしようという運動も各地でたくさん起きるようになりました。

世の中が暗い方向に向かって行く時、決まってその国を思う若者たちが出てきます。

これは歴史を振り返ってみるとよくわかります。

最近、僕の地元中津の英雄である福沢諭吉さんの『学問のすゝめ』を読んでいると、その本の中にこんな言葉がありました。

「一身独立して一国独立す」

世界や国や県というのは、人の集まりの単位です。地球をもっとフォーカスしていくと国が見え、国をフォーカスしていくと地方になり、県に分かれ、僕たちの住む市が見えて来て、それを構成する町になります。さらに細かく見ていくとそれぞれの家庭、そしてその家族は一人一人の人間になります。

つまり、個の集まりの一直線上に国や世界があるのです。

ということは、自分たちのいる会社を元気にする、自分の生まれ育った場所を元気にするという志を立てたあなたがまず一番最初にやること。

それは、「あなた自身が元気になること」なのです。

いきなり人をたくさん集めて、何か大きなことをしようとすると、ものすごくエネル

ギーやお金や労力が必要になります。

しかし、これとは逆にまずあなたが元気になり、目の前の人を大切にすることで、そこに生まれた感動の連鎖が、ゆっくりかもしれませんが、自分の周り、やがては世の中を明るくしていきます。

■本気の思いは必ず広がる

「フォーユー」を伝え始めた時、自分の未熟さもあってではありますが、あまり人が僕の話を聞いてはくれませんでした。

「どうすれば伝わるんだ?」

そのスキルや方法ばかりに気を取られていた自分がいました。

「伝わらなくてもいいや。自分たちが『フォーユー』の気持ちで生きていこう」

そうやって自分自身のスタンスを変えた時、不思議と同じ考えを持った仲間との出会いが増えていきました。

桜祭りを通して気がついたことなのですが、規模を広げていこうとするよりも、今自分の周りにいる人をどれだけ幸せにすることができるのか、どうすればそこに参加してくれる人が楽しんでくれるのかを考えていくと、その場の感動レベルが上がり、そしてやがてその思いが広がっていくのだと気がつきました。

広げるのではなく本物を作る。本物になった時、その思いは勝手に広がる。

そんな小さな思いにゆっくりゆっくりと仲間が増えていき、鹿児島、福岡、熊本、大分、そして大都市東京、大阪を中心としてどんどん仲間が増えてき、一つのコミュニティーになりました。

誰かのために動いた時、そこに感動が生まれ、人が集まり、そしてあなたの人生が変わります。

■未来からのメッセージ

目を閉じて未来のあなたを思い浮かべてください。

将来のあなたは今のあなたになんと言っていますか?

「よくがんばったな」
「今は落ち込んでても絶対にうまく行くから大丈夫だよ」
「勇気を出して一歩を踏み出しといてよかったな」

なんと言うでしょうか?

そしてその時あなたはどうなっているでしょうか？
あなたの周りには誰がいてどんな表情でいるでしょうか？
その人たちはあなたにきっとこう言うはずです。

「あなたのおかげで幸せだよ。ありがとう」

その時の感情を自分の中に感じてみてください。

そんなあなたの未来を祝福してください。

人生は何を手にしたかより、何を分かち合ったのかで決まります。
そして未来は「あなたが今何を持っているか」より「今のあなたがどんな人であるか」で決まります。

大変なことだってあるかもしれない。つらいこともあるかもしれない。
しかし、あなたにはあなたにしかできない大きな役割がありますし、必ず支えてくれる仲間たちがいます。

何かが始まる時、それはいつの時代も一人の思いから始まります。小さな一人の小さな一歩から始まってきました。

勇気ある一になってください。

あなたが世界を変えていく原動力になるのです。

あなたのことを時代が待っています。

あなたの勇気ある一歩を。

最後にもう一度あなたに質問します。

あなたには大切にしたい誰かはいますか？
その人は笑ってくれていますか？

その人を幸せにするために、あなたは命をどう使いますか？

あなたには大切にしたい誰かがいますか？
その人は笑っていますか？

永松 茂久
Shigehisa Nagamatsu

あなたの一生を1時間で変える本

感動の条件

For You

誰かのために生きるということ

KKロングセラーズ